銀座ミーティング

―チームマネジメントの方程式―

クラブ「ベルベ」オーナーママ
髙木 久子

駒草出版

本書は、「ベルベ」オープン当初から月一回行われているミーティングの一部（平成十八年〜平成二十五年）の録音テープをもとに、ミーティング内容をテーマごとに編集しました。

そのため本文の内容は、年代が前後しています。また、文章化にあたり、加筆・修正などの再編集を行いました。

№5 トップの生き方

プロローグ

四億六千万円。

銀座のオーナーママとして『ベルベ』に立ったとき、これだけの額がわたしの両肩にのしかかった。

オーナーママになろうなど、夢にも思っていなかったのに、以前のオーナーの思惑と銀座の女で輝き続けたいという気持ちが、同じ方へ向かってひっぱられ、気づいたときには、四億六千万円という負債が、わたしを銀座の街に結びつけていた。

毎月末には一千万円のお金を集めなければならない。毎日のように吐くほど飲んで、吐くものもなくなると血を吐いて、自転車操業のようにお金を借りては返しの繰り返しを幾度となくして、給料のない一年間を乗り越え、五年で完済した。今思うと、自分の限界以上の力を振り絞っていたのだと思う。その証拠に、病院へ行くたびに胃潰瘍のあとを指摘された。胃がんにならずに済んだのは、若さと健康のおかげだったのかもしれない。

そして完済後、ふと力が抜けたのか、ガラガラに暇な時期がやってきた。今度は利益がそのまま食われていくのを見て、前と同じ苦しみだなとぼんやりと思った。

けれど、その月にいくら足りなくても、わたしには個人的に頼れる人はいなかった。頼れるのは、ベルベにいらしてくださるお客さまだけだった。借りたお金は必ず期日を守って返していたので、お客さまからはもちろん、銀行からも絶対的な信用を得た。その信用は、その後のわたし自身の支えともなった。

銀座の女は、常に美しく、気風《きっぷ》よく、インテリジェンスがあり、そしてエレガントであるべきなのだと思う。だから、どんなにつらく、苦しいときでも、わたしはずっと銀座の女を演じ続けた。

お客さまを楽しませること。

それだけを考えていたら、いつの間にかいいお客さまばかりと関係が広がって、自然に、お店の数字もついてきた。

銀座ベルベのオーナーママ、髙木久子。今あるこのお店は、わたしにしかできないお店へと成長した。


わたしの銀座デビューは遅かった。

商人の娘だったわたしは、大学卒業後、しばらくの間広告代理店で働いていたのだが、父親の体調不良をきっかけに家業を手伝うことになった。その後結婚したけれど、選んだ男は最悪で、数年を一緒に過ごして、子どもをもうけ、そして離婚した。親に迷惑や心配をかけるのがどうしても嫌で、なんとかひとりで乗り越えようと思った。

三月一日、もうすぐ二十九歳を迎えるその月に、銀座の夜の街に足を踏み入れた。周りには十代、二十代の女の子も多かったけれど、若さなどに負けていられなかった。自分ひとりで子どもを育てなければならないプレッシャーは、わたしの全精力を仕事へと向かわせた。

銀座という街を知ることとなった最初のお店は、『リップ』という完全会員制のお店で、お客さまの入店には異常に厳しかった。「黒服」が扉についている小窓からお客さまを確認して、誰かの紹介でいらしたお客さまでさえ、紹介した方の確認が取れてからでなければ入店できないお店だった。

そこでわたしが知り合ったのは、日本を動かしているそうそうたるメンバーのお客さまたちだった。化粧品会社の会長、清涼飲料会社の社長、大手下着会社の社長、有名画廊の社長、食料品会社の社長……数えあげれば切りがないほど、トップクラスのお客さまばかり。

当時は、まだ昼間も働いていて、昼も夜も、休む間もなく働きづめの日々を過ごした。昼は、朝九時から夕方四時まで不動産屋で事務や営業の仕事。そのあと保育園に子どもを迎えに行って、夜は八時半から深夜まで銀座に通い続けた。

毎日本当につらかった。ひと月二十五日間、どれだけ一生懸命昼夜働いても、手もとに残るお金は、七、八万円。家賃を払って、光熱費を払って、ベビーシッター代を払ったら、それくらいしか残らなかった。けれど、最初に入ったお店が超一流店だったことは、その後の銀座生活において、本当に恩恵にあずかったと思う。

銀座に入ったばかりのときは、同伴といえば、いやらしいことをしてからお店に来ることなのかと思っていたくらい、本当にウブだった。当時は、「同伴喫茶」と呼ばれる喫茶店があって、電車のボックス席のようなつくりで、背もたれが高く、そこにいるふたりがイチャイチャして、下着のなかに手を突っ込んでいても見えないようなお店があった。だから、「同伴」という同じ響きにものすごくいやらしいイメージを重ねていた。リップのママに「同伴しなさい」と言われたとき、なんだかとても怖かったのを覚えている。

ところが実際は、いつもより早めに家を出て、お客さまとおいしいものを食べ、それからお店に入って、それが自分のポイントにもなる。その上、毎月お小遣いももらえて、表彰されて、皆勤賞、同伴賞、オシャレ賞の三冠王。

子どもを抱えていたから、ほかの女の子たちよりもお金を稼ぐということに真剣だったのも大きいけれど、わたしは誰よりも努力して、誰よりも頑張った。仕事も、恋愛も、すべてにおいてそうだったし、今でもその気持ちは変わらない。一〇〇パーセント出し切ってもダメなら、当然のことのように、一二〇パーセント以上の力を出してきた。

そんなふうに全力で仕事をしているうちに、「すごい子がいるよ」と評判になり、いろんなお客さまが、よそのお店のママたちをリップに連れて来るようになった。

銀座に足を踏み入れたばかりのわたしは、そういうママたちとも楽しくお酒を飲んで、楽しんで帰ってもらうことばかりを考えていた。ある意味の純真さとズブの素人《しろうと》根性があるだけだった。

けれど、誰よりも先に、そういう状況に敏感に反応したのは、ママだった。わたしをよそのお店へスカウトするためのママたちの視察に、いらだちを隠せなかったのだと思う。当時のわたしはといえば、なぜママがイライラしたり、怒っているのか、その理由が全然わからなかった。

はっきりしたのは、いじめが始まった頃。

よそのお店のママに、電話番号を教えてほしいと言われて、番号を書いた紙を手渡しているところを見られたときから、お席につけてもらえなくなった。

どのお席もいっぱいで、お店も混んでいるのに、呼んでもくれないし、声もかけてくれなくて、カウンターの隅でひとりぽつんとお茶を飲んでいた。

そんなとき、カウンターのチーフに、今月、残りの三日間は黙ってお茶を飲んでいなさいと言われた。なぜかチーフは、そのままほかのお店へ移れるよう手引きしてくれた。

赤坂の有名なお店からくる有名ママが、銀座のポルシェビルの三階にお店を出すから、そこへチーママで行きなさいと突然言われた。当時、ただのアルバイトとして働いていたわたしにとって、チーママも何も、何がなんだかわからなかった。

結局、チーママで行った先のお店は、五カ月で辞めることになった。

同じ頃。銀座を知る人ならば、知らない人はいない有名な店『グレ』のママは、同じポルシェビルにいたわたしを、いつの間にかチェックしていた。

リップの頃からわたしが連れて行った大切なお客さまは、グレのお客さまでもあった。同じポルシェビルで、下にいる「ポーター」が、「〇〇社長上がります」と連絡すると、お客さまは、たいていグレへ来ていたのに、あるときからいくら待っても来なくなった。変だと思っていたら、違う階の小さなお店にお客さまが通っていることが判明した。

それがわかってからグレのママは、化粧品会社の社長や食料品会社の社長たちに連れられて、わたしの働いていたお店へちょこちょこ来るようになった。

そしてあるとき、お金をバンッと積まれてスカウトされた。


グレの初代チーママ、高木久子が誕生した。

銀座に足を踏み入れてから、約一年半。銀座トップクラスのお店のチーママまで、気づかぬうちに上りつめていた。

銀座を全然知らなかったわたしでも、グレというお店が銀座でどれだけすごいのかをいろいろなお客さまから聞いて知っていた。スカウトされたときには、足がカクカクと震えたのを、今でも覚えている。そんなすごいお店で、「ママ」というタイトルなど考えられなかった。その上、当時のグレのナンバーワンは、純売上で五百万円近くを売っていた。そこへ突然、まったく売上のないわたしが入っていって、「チーママです」などと言っても、誰も納得しなかった。

それはそうだと思う。

当時のオーナーの光安久美子ママも、それまで誰にも相談せず、何も言わずに、ある日のミーティングの途中で、「みなさんに重大な発表があります。彼女が髙木久子さんです。今日からこの人を初代チーママにします。今日から彼女を久子ママと呼んでください」と宣言した。十年間もナンバーワンをやっているような人がたくさんいるのに、突然そんなことを言われれば、誰だって怒るでしょう。彼女たちからしてみれば、「なんでわたしじゃないの？そいつ誰？」となるのも当然です。入ってからも、口はきいてもらえない、トイレに閉じ込められる、ひっかかれる、挙げ句の果ては無視。すごい疎外感で、いくら踏ん張ろうと思っても、泣いていることが多かった。

その上、みんな辞めます、辞めますで、わたしが九月にグレに入って、その年の十二月までに、グレのナンバーワンからナンバーシックスまでが総辞め。

それで、ほとんどのお客さまはわたしの係り。お店の売上は変わらず、わたしの売上だけが、どんどん上がっていった。純売上で一千万円なんて、あっという間だった。

ずいぶん経ってから、ずっとナンバーワンだった子を、どうしてママにしなかったのか、一度だけママに聞いたことがある。そうしたら、「そうねぇ、白い靴のかかとのうしろが黒くて、不潔で恥ずかしかったから」と言われた。これは表現のひとつだけれど、わたしには、とてもわかりやすかった。

ママは、女の子が変わって、お店の雰囲気が悪いほうに変わると、「なんだか最近風景が悪いわね」とポツンと言うような、粋《いき》な言葉遊びのできる人だった。それを聞いて黒服があわてて女の子を替えていた。でも、そういう細かいところや全体を瞬時に感じ取る力があったから、ママのお客さまたちは、常にママ目当てに、ママを慕ってお店に来ていた。狭いお店なのに、いつもすごく混んでいて、いつもとても忙しかった。

リップのママも、グレのママが認めるくらい超一流のお客さましか取らなかったので、ふだんリップに来ていたお客さまも、グレのトップクラスのお客さまも似通っていた。ママは、わたしがリップに一年いたのも知っていたから、そういうお客さまもしっかりつかんでいるだろうと考えていたのだと思う。

グレのママのお客さまがわたしを推してくれたのも、ママがわたしを拾ってくれたのも、推薦入学みたいなものだった。売上の数字だけを見る人だったら、わたしはグレで働くことなどなかっただろうし、お客さまたちの推しがなければ、やっぱりグレにはいなかった。

そういう周囲の期待に応えるためにも、グレにいた六年の間、恩返しのつもりで休む間《ま》もなく働いた。


グレのチーママになって、初めて契約金をもらって、その契約金のすべてを装飾品につぎ込んだ。

まず初めに、『世界の一流品大図鑑』を買って、服、靴、バッグ、時計、アクセサリー、そういったものを全部調べて、自分に一番合うブランドを探した。

そのなかから選んだのが、ジャン＝ルイ・シェレル（Jean-Louis Scherrer）。その当時でも一着四、五十万円。高いものだと百万円くらいはしたけれど、ロアビルの一階にあったその店で洋服を買い漁《あさ》るようになった。

グレに入る前までは、お金が全然追いつかなくて、洋服なんかに使っていられなかった。だから、グレを辞めていった女の子たちやいろんな人に、「いつもペラペラな服着て」とイヤミのように言われていたから、まずは服からだと思った。どうにかして、服を買い揃《そろ》えなくちゃ、その思いに執着していた。

一度このブランド、と決めたら、そこでばかり買い物をするようになって、そうするとセールの時期でもないのに、二割くらい安くしてくれるようになった。

チーママになってから数年が過ぎた頃には、お店も忙しくて、買い物に行くのもしんどくなると、お店の係りの人が、わたしに似合いそうなものや、気に入りそうなものを季節ごとにチェックして、数十着と持ってきてくれるようになった。そこから五、六着を買って、セールのときにも買って、服に関してはもともと好きだったのもあるけれど、右から左だった。

契約金は二百万円だったけれど、あのときは、やっと自分磨きができると思ってうれしかった。

当時の服は思い入れもあって、いまだにクローゼットにある。

とにかく、当時は入ったお給料のほぼすべてを洋服にかけていて、貯金をすることなど頭になかった。

もちろん毎年、毎年、売上の記録を更新した。

六年の間に休んだのは二日だけ。その二日間は、大好きだった男の人が浮気をして、別れ話になって休ませてもらった。それ以外は、熱が出ても解熱剤を飲んで、ものもらいができても眼帯をかけて、歯を抜いて腫《は》れていても鎮痛剤を打って、足を捻挫《ねんざ》していても松葉杖をついて、どんなに具合が悪くても絶対一回はお店に出ていた。もう帰りなさいと言われるまでは、這《は》ってでもお店へ行った。アフターで、朝八時、九時まで飲んでいても、夕方六時からは同伴でフランス料理を食べる生活。

当時は、土曜日も当然ながら銀座は営業をしていたので、途中から土日の二日間がお休みになって、なんて幸せなんだろうと思ったことを覚えている。日給制だったからお給料は少なくなるけれど、お休みはやっぱりすごくありがたいと思った。

この頃のモチベーションは、とにかく子どもだった。常に頭にあったのは、二十四時間お手伝いさんを常駐させることだった。仕事を一日休めばその分その月のお給料が減る。お手伝いさんを雇えなくなる。家賃が払えなくなる。イライラしてくる。そういう悪循環を避けるために、働くことに必死だった。

そして、グレで働き始めてからほどなくして、念願のお手伝いさんの常勤がかなった。それでも、今から考えたら、お給料はものすごく安かった。

でも、よそのお店へ移る気など起きなかった。誰に聞いたのか、わたしの自宅にもスカウトの電話は数え切れないほどかかってきたけれど、どんな話であろうとスッパリ断っていた。二流のお店のトップになるくらいなら、トップクラスのお店の二番手がいい。だから、ずっと一流店の二番手でいいと思っていた。

その強い思いを揺るがせたきっかけは、頭打ちになったお給料。そして、一番の理由は、「髙木久子」でいたかったから。

グレママに「辞めます」と言ったとき、グレの二代目の大ママにするからここにいてちょうだいと引き止められた。けれど、その話を当時いたマネージャーにしたら、ぽつんと言われた言葉があった。

「グレは、あくまでも光安久美子ママのグレで、いくら二代目のママになったところで、髙木久子のグレにはならないよ」

この言葉が、ものすごく衝撃的で、そして、ショックだった。

それまでも確かにそうだったけれど、これから先、わたしがどんなに頑張り続けても、ずっとそう言われ続けるのかなと思うと、本当にショックだった。

その言葉をきっかけにして、ママのいないお店に行こうと考えた。けれど、それまでグレを離れることなど一度も考えたことがなかったので、グレ以外のことはすべてシャットアウトしていた。結局、右も左もわからず、ツテも、コネもなかった。

そんなとき、たまたま『ベルベ』を紹介されて、きれいなお店だなと思い、お店の内部事情も知らぬまま雇われママで移ることになった。

入店したあと話を聞いたら、前のオーナーともめたのか、全員が総辞めして、その辞めたみんなで新しいお店をつくったあとだった。わたしがベルベに移る前は、お店はガラガラで、それをわたしは初日で満卓にした。ベルベで働いていた女の子たちが、みんなお上品だったから、わたしは髪の毛をバッサリ切って、リーゼント。とにかく弾丸トークで、ハチャメチャないたずらっ子のようなタイプをつくっていった。

この当時は、雇われママだったのに、グレのお給料の倍額くらいをもらって、改めてその額に驚いた。

ベルベの雇われママをして一年も経たない頃、お店を買い取らないかと言われた。

「グロスで三億五千万円。どうだ？　何年で返せる？」

長期間借金を抱えるのも嫌だったから、何も考えずに「五年で返す」と答えていた。そして、前のオーナーが二億五千万円の裏判押して、借金返済のスタート。

わたしのなかでは、毎月六百万円返せばいいと思っていたのに、借金返済から一年が過ぎた頃、どう計算しても、毎月一千万円足りない。どう考えてもわたしの売上は、上がり続けていたし、お店も盛況だったのに、足りない。

周囲にはブレーンもいなくて、社印も通帳も前のオーナーから渡してもらっていない。それがどういう状況なのかもわからなかった。売買契約書がなければいけないということも知らなかった。

本当に無知だった。

結局、グレママに泣きながら相談したら、「バカなことやったわね。五年間働いて全部返しても、知りませんって言われたら、なんの証拠もないのよ」と言われて、目の前が真っ暗になった。前のオーナーと会う最後の最後の日、決死の覚悟で税理士と一緒にボイスレコーダーを持って行ったら、「これがほしいんだろ」と言って社印と通帳を返してくれた。

本当に、よかったぁって。全身から力が抜け出るような感覚だった。

そして、そこで初めて一億一千万円騙《だま》し取られていたのを知った。

勝手に毎月一千万円抜かれていて、最初にグロスで三億五千万円と提示されていた額に、さらに店のローンの一億一千万円を乗せられていて、全返済額が四億六千万円になっていた。

もう完璧にバブルもはじけていて、その返済の五年間は血反吐《へど》が出た。毎月一千万円抜かれていれば、資金繰りも当然ながら足りない。人に頭を下げて三カ月間お金を借りて、そして返して、またほかの人に三カ月間借りて、返して。よくやったなぁとつくづく思う。本来なら手取り百三十数万円もらえるはずなのに、いくら働いてもお給料がなくて、どうしようもなかった。だけど、約一年で一億一千万円のローンを支払い終えて、それからは、お給料がきちんと出るようになった。

あの五年間は、本当に暗黒の日々だった。

でもあの頃があるから、今、たいしたことではジタバタしない。

あれから、国民金融公庫ができて、銀行の人とも知り合って、そこから借りて、そんなふうに遣り繰りしているうちに、損益分岐点は守れるようになった。そして、プラスアルファの利益を得て、税金もきちんと払えるようになった。

結局、自分ばかりが儲《もう》けようと思わなければなんとかなる。

仕事を追っていれば、お金はあとからついてくる。だけど、今、そういうことをできる人が少なくなった。目先のお金ばかりを追って、どんどん消えていく。女性も、ママのタイトルを狙ってつけ焼き刃のようなお客さまを狙った結果、売掛を踏み倒されたり、そのまま逃げられちゃったり。この十年、二十年でずいぶんいる。


そういうことにベルベの女の子たちが巻き込まれないように、銀座という街が汚されないように、ベルベオーナーママ髙木久子にしかできない銀座のミーティングを始めた。

№ 1 現状分析と問題抽出

チャンスを最大限に生かす

男の見栄

以前は、「チャコママから電話があったら必ず行く」でした。

けれど最近は、「近々行くよ」と言いながら、なかなか来てくれません。

だからといって、よそのお店へ行っているわけでもない。

つまり、銀座で見栄を張るお金がなくなったんだなぁと実感します。

久々に行くなら格好悪い真似もしたくない。そうなるとシャンパンの一本も入れなきゃいけない。それなら家族でおいしいものを食べて、遊びに行って、ほっとしたい。

今はそういう時代なのかもしれないなと思ってしまいます。

そういうことを考えると、ママも含めて、みんなも焦ってしまうところがあると思います。

けれどその焦りを抑えて、周りの空気を読んで、男の見栄をくすぐりましょう。一歩控えていると、「じゃあ、飲もうか」となる場合もあります。

今まで、当然のように週に一度来てくださっていたお客さまが減りました。

最初から売上を持って入ってくる女性が減りました。

今まで係りで持っていたお客さまが減りました。

そうしたら、やっぱり何軒か行くお店のなかで、お客さまにとって、ベルベが一番のお店にならないと、「週に一度は銀座に出る」というお客さまも失ってしまいます。

みんなで気を引き締めて頑張りましょう。

ひと目ボレ

最近は、初めて会った瞬間にひと目ボレというお客さまが数年前よりは数多くいらっしゃいます。

ですから、お客さまにひと目ボレされたときには、「毎日、顔を見に来てくださいね」とかわいらしく、はっきりとしたアプローチをしてください。

そういうチャンスはそうそうありません。「おまえなんて好きじゃない」とおっしゃる方に、毎日メールを送ってもうるさがられるだけですけれど、「きみにひと目ボレをした」とおっしゃってくださる相手には、毎日でもいいですからメールを送りましょう。電話をしてもいい方なら、する。お客さまも場合によっては、出られないこともありますから、留守番電話に「今帰るところです。おやすみなさい」のひと言を入れる。それだけで、また明日顔を見に行こうかなと思ってくださるかもしれないんです。

「好きだ」と言ってくださる方に、電話もしない。連絡もしない。メールも入れない。これは仕事放棄と一緒です。チャンスはチャンスでつかまないといけません。

お客さまに気に入っていただいたことを怖がって、引いてしまったら、チャンスを逃すことにしかなりません。

ママは「本当にホレているなら毎日通って」と言って、本当に毎日通わせました。けれど、この商売です。そのうち「もっと深い関係になろう」と言われたりもします。けれど、そのときに、「チュッとするまでならいいけど、それ以上はわたしにはできません」と言う。しつこく迫ってくる方もいらっしゃると思います。けれどお断りし続ける。それで来なくなるなら仕方がないでしょう。だって、わたしたちは売春婦ではないんですから。

先日、十数年ぶりのお客さまから電話がかかってきました。

「ママ、元気？　ベルベにすごい僕のタイプのかわいい子がいるんだよ」とおっしゃっていたので、「あら、じゃあまたごひいきにお願いします」とお伝えしておきました。

こういう方がいらしたときに、そのチャンスを絶対に逃さないでください。

今度の周年パーティーにも久々のお客さまがいらしたら、「いい子が入ったんだな」とみんなが思われるようにしましょう。

お名刺からの始まり

お客さまからお名刺をいただいたら、そこからがチャンスの始まりです。

きちんと新聞を見ていると、いろいろな会社が出ています。今はたいていの人がインターネットを使えます。いただいたお名刺の会社を調べて、さりげなく褒《ほ》めることです。そして、お客さまとの会話のなかで、そういう話題を提供できるくらいになってください。

ただ、理解もしていないのに、あたかも専門知識がありますというように話すと墓穴を掘りますし、相手もすぐに見抜きますからね。

まずはその方の会社をさりげなく褒めて、どういったお仕事をしているのかを伺うことから始めてください。それから経済の話、時事の話、そして楽しくお酒を飲む。ママがいつも「新聞を取りなさい」という理由はここです。読まなくてもいいから、せめて、目を通しなさい。ひと通り目を通しておくだけで、どんな会社名が出てきても、まったく知らないよりはすばやく反応できます。

ママは日経新聞を取っていますけれども、何新聞でも結構ですよ。まずは新聞を読んでお勉強をしてほしいと思います。世間というものを知っていてほしいんです。

お客さまからいただく不満の声の第一位は、「今日、ごはん何食べたんですか?」と聞かれることだそうです。そういうくだらない質問はしないでくださいね。お客さまにとても嫌がられます。

どんなに飲んでも、午前中には一度起きて、お茶でも飲みながら新聞に目を通す習慣をつけることです。

長く銀座にいるママからすると、気を配って目を通すのは、死亡欄です。

お客さまのお父さまが亡くなったのを知ってお葬式へ行ったり、お客さまご自身が亡くなったり……、ここ数年は増えてきました。けれど、その情報を共有する際に、いろいろなつながりが生まれて、またそこから始まることもあります。

また、新聞にお客さまのコメントが出ていたり、テレビで見かけたら、すぐにメールを入れる。誰だって誰かに気づかれて、悪い気のする人はいません。

お客さまも知的な会話のできる女性であれば、同伴しようかなという気持ちになると思いますよ。

お客さまに食らいつく

ママが見ていて、うちの女の子たちは、新しいお客さまに対して食らいつきが足りないと思います。

ママは以前、お客さまとは前のめりで話しなさいと言いました。それをみんなは実践して、体は前のめりになっています。けれど、気持ちがふんぞり返っているの。「ベルベへ来たいなら、来れば？」という雰囲気です。

ママが言っているのは、きちんとお客さまと向き合って、その会話を一〇〇パーセント理解するということです。

それなのに、お客さまから、「だって、そう思うだろ？」と振られたときに、なんの会話をしているのかわからない、どこか別のほうを見ている、自分のお客さまでもないのに「いらっしゃいませ」と聞こえると入り口のほうをチラチラ見ていたりする。

お客さまは、一〇〇パーセント自分の話を聞いてくれないと、当然ながら、「なんだ、この子は」と思いますよ。

あるとき、お客さまが、お連れの方を「若いのに大きな不動産をやっていてバリバリなんだよ」と紹介してくださいました。そのときのテーブルに数人一緒に座っていましたけれど、そのお客さまに連絡を入れたのはママだけでした。

ママは早速金曜日に同伴を取りつけました。若いバリバリの社長を、なぜ若いあなたたちが呼べないの？　みんなメアドも聞いていたのに、なぜ頑張らないの？　なぜ若くもないママに負けちゃうの？　二十日も営業日があって、月に十回以上同伴できる子が三人しかいないお店なんて、レベルが低すぎです。

この間いらしたお客さまも、三十代の若さで四百億円を稼ぎ出すとおっしゃっていました。ほかの事業にも着手して、年内には一千億円まで持っていくと意気揚々とお話ししてくださっているのに、なぜみんなはボーッとしているんでしょう？

ママが今よりも若ければ、ガッチリ食らいついて、「ごはん食べよう」「同伴しよう」と連絡し続けます。反応が悪ければ、あの手この手で方法を考えます。

今は、モテそうな人でも恋愛下手で結構モテなかったりします。男性はやはり女性を求めて銀座へ来ているんです。あなたたちは、そういう思いを酌《く》んで、お客さまに食らいついていくことです。その気概《きがい》がないと、「ああ、楽しかった。じゃあ、どうも」で終わりです。

シャンパンを何本も入れてくれたら、係りにしてもらおうとガツガツしてもいいんです。

ママからしたら、それくらいのほうが心地いい。もちろん女の子同士がケンカをするようなお店は働きづらくてごめんですけど、もう少し、みんなでガツガツ戦っているような雰囲気もつくってほしい。

お客さまにそれを見せすぎるのは格好悪いですけど、女の子たちが格好つけてばかりいても仕方がありません。

ママがほかのお店にいろんなお客さまを連れて行くと、そのお店のママやわたしの妹分が係りになるけれど、ガッチリとお客さまをつかみます。

うちの子たちは品がいいのかもしれませんけれど、お客さまから「この子がいい」と言われるまで待っている。それでそう言われると少し調子に乗ってしまうのね。どう言われようと常に相手に対して変わらずにいられるといいんですけどね。

けれど、ガツガツするばかりが仕事ではありません。

バランスも重要なポイントです。一回ジャブして、二回ジャブして、次はワンツーパンチ。それで、その反応がどのくらい返ってくるのかを測るんです。相手もきちんとジャブをしてくれるのか、パンチを仕かけようとしてくるのか、反応が返ってきたら、必ずまたこのお客さまをお店に呼ぶぞという前のめりの姿勢で、お客さまの両手をグイと自分のほうへ引き込むイメージを心に刻みつけておいてください。

ママがいまだに新規のお客さまをつかまえられるのは、このイメージを大切にしているからです。今は『ベルベのママ』でやっていますけれど、今も昔も変わらずに、ひとりのホステスとしてきちんと仕事をしているからです。

「わたしは銀座で有名なママです」なんて言ったところで誰も来てくれません。「チャコママに憧れて来ました」というセリフを聞くのも最初だけです。

こちらから働きかけなければ来なくなるに決まっているんです。ママだから来ていると思ったら大間違いです。

けれど、自分がどれだけ努力しているかなんて見せびらかしません。「努力なんてしたことないわ」という涼しい顔をして、必死なんです。人に努力しているところを見せたら格好悪いでしょ。

「今日、同伴します」「十名の大勢でいらっしゃるからね」、そういう予定が立っているのは、ずっと以前から努力をしているからです。ママとあのお客さまがなぜ一緒に来るのかしらと不思議かもしれませんけれど、それはただ単に自分の努力の結果です。

世のなか全体が景気が悪いんですから、もっともっと努力してください。

ママは、グレで一年間ヘルプに徹して、その一年後には、純売上で数百万円ありました。

毎日同伴して、毎日アフターです。その当時のわたしは、すでに三十歳です。それでも狙ったお客さまは離さない。次回もまた同じようにお店へ来させる自信がありました。確固《かっこ》たる自分のスタイルがあったんです。

狙った相手に自らきちんと向かって行かないと、お客さまは「僕のことはどうでもいいんだな」と思って、よそのお店へふらっと寄るようになるものです。

お客さまをよそのお店へ連れて行ったら、女の子がいきなり名刺を出して、帰る頃には、ママの目の前で同伴の日にちまで決めていました。すごいなと思いますね。

みんなももう少し図々《ずうずう》しく、もう少ししつこくしてもいいと思います。深窓《しんそう》のご令嬢じゃないんです。王子さまが迎えに来るのを待っていても、ごはんは食べていけません。つかむ綱があるならば、しっかりと握り締めることです。

ひとりひとりがその意識を持って仕事をしてください。

パーティーチャンス

ママの誕生日には八十本前後のボトルが出て、申し分のない売上でした。パーティーはみんなも頑張ってくれたのでとてもよかったです。パーティーの終わった今、いらっしゃらなかったお客さまを一カ月後でも二カ月後でもいいから、ママを利用してどんどん呼んでください。

「ママの誕生日、『なんで来てくれないのかしら』ってママが、寂しがってましたよ」とみんなが言えば、お客さまも気にとめて来てくださるでしょう。

利用できるものは利用しましょう。「利用する」というと悪いイメージを持つかもしれませんけれど、そうではありません。利用された相手も喜んで、みんなにとってプラスになる。そういう利用の仕方はいくらでもあります。ママはいいことにならば、いくらでも利用されて結構です。ママもあなたたちを利用して、お客さまに合いそうな子を売り出します。利用の仕方、され方をきちんと理解しておけば、チャンスを失うことはありません。

やっぱりパーティーチャンスはあります。

パーティーのときは、みんな酔っ払っているかもしれません。それでも、昔のお客さまが久々にいらしたら、その枝葉をキッチリつかまえる。どれだけお名刺をいただいて、どれだけ自分の名刺、電話番号を渡すかです。パーティーの混んでいるときが一番のチャンス。みんながママの知らない人とどんどん知り合って、ベルべを活気づけてほしいと思います。

昔、ママの売上が全然ないときは、お客さまに「いいお客さまを紹介してください」と頼んでいました。なかには、ひとりで会いに来たいから嫌だという人、一回紹介してくれたのに、あの人はもう呼ばないでと焼きもちを焼く人、いろいろいらっしゃいます。けれど、新しいお客さまと知り合いたいというアピールは常にし続けることです。

今のお客さまを大切にしつつ、新規のお客さま、その枝葉のお客さまと出会おうとする気概を持つことが、今後のチャンスにつながります。

すべてがうまく運べば、ひとりのお客さまがひとり連れて来て、ふたり連れて来て、そのお連れのお客さまが、またふたり連れて来てくださる。どんどんお客さまが増えるわけです。ひとりひとりがそういう仕事を心がけてくださいね。

そういうお客さまをつかめるかどうかがパーティーチャンスです。

パーティーが終わったあとは「暇でもしょうがない」という理由をつけたくありません。ましてや四月は新年度が始まります。新旧交代があって、送別会や歓迎会などがあるかもしれません。常に変わらない仕事をしていれば、初日同伴もきちんとできます。

目の前のチャンスをつかむ

たいてい決まった子がいろんなお席に呼ばれます。そういう子は、素直、一生懸命、時間を守る、人の話をきちんと受け止める、次の日には必ずお客さまに電話かメールをしています。夕方四時に同伴の電話を受けても、待ち合わせ時間に間に合うように飛んできます。とてもきちんとしているんです。

ママは、突然同伴の電話を女の子にしたとき、すぐに電話を出る子とは縁があると考えています。留守電になったら今日は縁がないから次の子に電話をしようと。ママは、お手伝いさんがいるので、お風呂に入っている間は電話番をしてもらっています。お手伝いさんがいないときは、タオルに家電とケータイをくるんでお風呂に入ります。ほんのちょっとした瞬間に、とても大切な電話をいただくかもしれません。ママはいつもそんなふうに考えて行動しています。

けれど、一度ですぐに電話に出ないみんなは、どう考えているのかなと思います。その電話のチャンスが、トイレの五分、お風呂の二十分でフイになるかもしれないんです。

ママは、平日、寝るときも電源は切らずにマナーモードにして、わざと耳もとに置いています。ずいぶん前の話ですが、朝方のちょうど寝る頃に、「ママ、助けて」と女の子から電話がきたことがあります。どうしたのかを聞いたら、お客さまともめてしまったと言うので、急いでその場へ駆けつけました。まずはふたりの間をとりなして、ふたりをそれぞれ帰して、一睡もしないまま仕事へ行ったことがあります。

とにかく、そういう時間でもママは電話に出ます。みんなもいつでも電話を取れるようにしておくことです。

そうすれば、売上のお姉さんがお客さまにもうひとり連れておいでと言われたとき、声をかけてもらえます。夕方六時、七時に電話をかけてきて、今から誰かいないかなと言うお客さまもいます。四時にはお風呂を出て、いつでも出られるように支度をしておくことです。

それから、早い時間に来て同伴している子は、たいてい土日はゴルフを入れています。ゴルフが終わってからでしょうね。ママがよく行く焼き肉屋さんで、夜の十一時頃までお客さまと四人でお酒を飲みながらゴルフの話をしているのを見かけます。

毎日休まず出て、毎日のように同伴して、土日はゴルフ。偉いなぁと思います。

今お客さまは、銀座での接待よりも、ゴルフを優先する方が多いです。ゴルフのほうが健康にもいいし、銀座に出るほどお金を使わないで済みますからね。ママもいろんなお客さまから、「ゴルフはするのか？」と聞かれますけれど、体力的にもあまり好んでは行かなくなりました。

でも、あなたたちは若いんですから、誘われたらすぐに行けるように、まずは練習しに行きなさい。それからお客さまにゴルフを教えてくださいとお願いしなさい。

コースに出なくても練習場で教えてもらえば、お客さまとも仲よくなれるチャンスです。コースに出ても、ゴルフは必ず四人で回るので、ベルベの女性ふたりにお客さま、そしてそのお連れさまがいらっしゃいます。運がよければ大会社の社長と知り合いになるチャンスがあります。

そういう意味でもゴルフにはいろいろなチャンスがあります。ゴルフへ行って一日一緒に過ごすと、一泊旅行をしたような気分になって、お客さまも親しみを持ってくださるようになるものです。それに、ゴルフは昼間なので、むやみに口説かれずに済みます。夜ごはんを一緒に食べたら、次回、同伴をお願いするチャンスも生まれます。

月に一度でも結構です。土日にお客さまをゴルフに誘ってみましょう。実践している子は、数字が伸びているし、同伴回数も多いんです。

アフターでお酒を飲むのも、カラオケに行くのも結構です。ただ、そのエネルギーを違ったところで使ってみることにも挑戦してください。

アフターに行くと次の日は体がどっと疲れます。お客さまが午後出勤になってしまわないように、「今日は早く帰りましょう。お客さまも朝まで飲んでいたら、お仕事に響くでしょう」と言ってみてもいいんです。お客さまにも上手に教えてあげるんです。

アフターに行くことが全力投球ではありません。そういうすべての配慮ができるようになって初めて、全力で頑張っていると思います。アフターばかりに重きを置かないようにね。

昼間を有効活用する。「ゴルフを始めたいので教えてください」と言えば、お客さまは快く教えてくださいます。夜型を昼型にして工夫をしましょう。

今はゴルフを例に挙げましたけれど、ほかのことでも構いません。いろいろな工夫をして、どこよりも一番のお店になることです。

銀座で生き残るために

自分を演出できる女優であれ

№1 現状分析と問題抽出

ママが考える銀座の女性は、エレガントであること、上品であることが大切な条件です。体も、顔も、心もこわばっていたらダメですよ。肩の力を抜いて、きちんとした丁寧《ていねい》な言葉でお客さまへぶつかっていってください。今は景気も悪いので、ガツガツしているのが見えすぎてしまうと女性らしさが失われます。けれど気持ちはいつでも攻める思いを忘れないでほしいと思います。

十一月、十二月は、久々のお客さまがいらっしゃいます。そういうときに、「ベルベの子はいつもみんながにこにこしていて気持ちがいいね」と言われるようにしましょう。若ければ、それだけで初々《ういうい》しさもありますが、歳を重ねていても、初々しさは見せられます。

銀座では常に女優でいてください。

十五年ほど前、カウンターにひとりでいらしたお客さまがいました。初めてお会いしたときは、どういう方なのかわからなかったので、ごあいさつをして、様子を伺うように接客をしていました。あるとき、上場会社の常務の方だと判明したのですが、その方は、今でもママのことを初々しくて、エレガントなお上品なママだと思ってくださっています。

そうすると不思議とママも、その方のお席にいるときは、そういう女性を自然と自分で演出しています。

お客さまから、「チャーちゃん」と目のなかに星を輝かせながら言われると、思わず手をつないでしまいます。じっと見つめ合って……、「シャンパン」「イヤだよ」と（笑）。

みなさんも、お客さまやその場の雰囲気に合わせていろんな色に変化できる女性であろうとする気持ちや行動を大切にしてください。

日頃からエレガントさや上品さを追究していれば、酔っ払っていても女性らしく見えるものです。日頃の行いは、咄嗟《とっさ》の拍子にすぐ出ます。

お年寄りに席を譲ったり、階段で荷物を持ってあげたり、自分の心を深める努力を惜しまないでください。言葉だけ品よく飾ってみても、結局バレてしまうものです。

ですから、まずは言葉遣いから始めてみるのもいいでしょう。お友だちと会っているときも品位を下げるような言葉は絶対に言わない、使わない。日頃から乱暴な言葉を使わないよう心がけていると、自然と丁寧な言葉遣いになっていくものです。振舞いも、気持ちの持ちようも変わってきます。

銀座では、エレガントな子がたいていモテます。そういう子は、女性らしくて、かわいらしくて、常に明るい雰囲気をまとっています。逆に、落ち着いた、静かなムードの子には立ち居振舞いや話し方に色気を感じたり、魅惑的でミステリアスなイメージを持ちます。まずは実践してみましょう。誰よりも自分が一番にその違いに気づくはずです。

いつもガサツな子で通っていても、初めて会ったお客さまにエレガントに接してごらんなさい。そうすると自分が今までどれだけ雑な言葉を使って、雑な仕草をして、雑な仕事をしていたのかがわかります。

お客さまは、あなたたちがいつ変貌《へんぼう》を遂《と》げようとそのまま受け入れてくれます。

何事も自分が変わらなければ、変わりません。

わたしたちの仕事は、お客さまにホレてもらうことです。女性に対する憧れを抱いてもらったり、ただ見つめていたいと思わせたりすることが仕事です。

女の子と話しているだけで満足するならば、地元のスナックで十分なんです。それをお客さまは、わざわざ銀座にいらしているんです。地元のスナックでは味わえない優越感や楽しみを与えてあげられなければなりません。

銀座の女性にしか醸《かも》し出せない雰囲気を身につけてほしいですね。

シナをつくって歩く、鏡をチェックして自己アピールの仕方を考える、自信を持った顔をする、自分のいるお席以外へもフェロモンを飛ばす、それくらいの気持ちを持ってください。

色気には、上品な色気、明るい色気、セクシーな色気、いろいろあります。けれど色気を出すには度胸が必要です。女の子に色気があると、お客さまは積極的に口説いたり、言い寄ってきたりします。けれど、それを怖いと思わずに、「自分の魅力が高まったんだな」と思えるような自信に変えてほしい。度胸を据《す》えて、どんどんアピールしてほしいですね。口説かれたからといって、体の関係を持たなければならないわけではありません。

ホレられて、口説かれるのがわたしたちの仕事です。その度胸を持てない子ならば、銀座は辞めたほうがずっといいんです。

銀座の女性として働くからには、銀座という舞台で、自然と自分を演出できる女優を目指してください。そして、度胸がなければいけません。

悪口には意味も意義もない

ママも、スタッフも、ホステスも、お客さまも、誰にでも欠点はあります。夫婦や恋人同士でも一〇〇パーセントピッタリなんていう人はいません。その欠点を許して、包んで、認め合うことが大切です。

ママは昔、悪口を言って失敗したことがあります。悪口を言っていたことがあとでわかると、ものすごく自分の品位が下がる。そして自分で自分がとても恥ずかしくなりました。それ以来、自然と悪口は言わなくなりました。言うならば本人の目の前でですね。

悪口や愚痴、裏でグズグズ言っていることは、全部ママの耳に入ってきます。そういうことほどどこかで誰かが必ず聞いているものなんです。銀座で悪口を言えば、銀座のみんなの耳に届いてしまいますよ。

それも含めて、銀座は自分を磨く場所です。すばらしい人間をつくって、成長させてくれる場所です。

誰にでも好き嫌いはあります。同僚も、お客さまもそう。ママですら口をききたくないお客さまもいます。それでも常に笑顔で接するのがわたしたちの仕事です。わたしたちはそれでお金儲けをしているわけですからね。お金儲けは我慢代です。お金をちょうだいするためには、笑顔を忘れてはダメなんです。

お店のなかでチームワークがよければ、みんなでお金儲けをできるわけです。お互いが我慢をして、忍耐力を持って、助け合わなければなりません。

長くいるお姉さんたちは、ダメなものはダメときちんと注意をする。女の子たちは、その注意を悪いほうにばかり受け止めず、素直な気持ちで聞く。もちろん言い方もあります。女の子たちも、かなりキツイ言い方をされたときには、「何、その言い方」と相手を苦々《にがにが》しく思うのではなく、「うわぁー、今の言い方キツかったぁ〜」と隣りの子を見たら、その子も「キツかったね〜」というように、自分のキャパを少し広げてみてください。

ママが聞いていて、あんまりひどい言い方をしている子がいたら、しばらく様子を見ます。やっぱりひどいなと思ったらきちんと注意をします。ひとりのせいで、みんなが嫌な思いをするのはおかしいですからね。些細《ささい》なことでいがみ合ってほしくありません。

もめごとを起こさず、チームワークよく働いて、お店を盛り上げて、グループ、派閥をつくらないよう、みんなで協力し合っていきたい。

ベルベを、家族の集うようなお店にしたい。よそのお店では、髪の毛のむしり合いや係りのお客さまの取り合いもあるようですけれど、ベルベでそういうことはありません。ならば悪口を言うのもやめてしまえばいいじゃないですか。

同じ職場で働く以上、みんなが同じ権利を持っています。その権利を行使するならば、他者《ひと》にも気持ちよく接する義務があります。それをひとりひとりが自覚してほしい。

不満があるならスタッフやママ、ユカさんに相談すること。そういうことは、早く解決しないとお店全体の空気もよどんでしまいます。

お客さまは、女の子同士の悪い雰囲気の関係には敏感に気づきます。

ましてやお客さまに同僚の女の子の悪口を言ってごらんなさい。最終的には、どちらが正しくて、どちらが間違っているのかなど関係なく、お客さまの耳に話を入れた女の子が悪く言われるものです。たとえ事実がどうであろうと、お客さまの耳に話を入れた時点で、自分で自分の首を絞めたと思いなさい。

お店のなかのことはお店側で解決すべきことなんです。人の悪口やお店のなかの誰かの悪口を言うくらいなら、すぐに辞めていただきたい。

銀座であった話です。

あるママが、お客さまによそのママの悪口を言って、「だから、あのお店には行かないで」

と約束させたんです。けれど、結局、そのママがいろんなお客さまに同じようなことを言っているると銀座全体に知れ渡りました。最終的に、状況を把握できていないのは本人だけで、本人がそれに気づいたときには、すごく恥ずかしい思いをすることになるんです。

お客さまは、お店に楽しみに来ているんです。悪口を聞かされて気分のいいお客さまは絶対にいません。ママくらいの歳になって、長年いらしているお客さまに「ちょっと聞いてよ～」とおふざけの愚痴ならいいけれど、あなたたちは若いんです。お客さまのなかには心配ごとや相談に乗ってあげたいという方もいます。けれど、悪口や愚痴は、別物です。人を陥れようとすれば、必ず自分に返ってくると覚えておきなさい。

悪口も愚痴も、誰でも言いたくなるときはあります。

でも、お店のクロークの奥で悪口を言っていたら、それは誰かに聞こえるように言っているようにしか思えません。偶然自分の悪口を聞いてしまった子もいるかもしれません。そんなことを聞いてしまったら、仕事をする気になんてなれません。お店にももう出たくなくなるでしょう。それはある意味では、イジメです。

みなさんは、いい歳をした大人《おとな》です。誰にでも欠点はあると思って許し合うこと。

悪口は、違った形で人に伝わることが多いものです。言うほうも、聞いたほうも、それを覚えておきなさい。

悪口を言いふらしているような子がいるなら直接ママに言いなさい。あるいは、直接本人に言いなさい。悪意ある行為に声を上げるのは、先輩、後輩関係ありません。どこかで誰かが止めないと、止めてくれないと、その本人もダメになってしまいます。

ママは、銀座に入る前も、入ってからも、ずっとまっすぐに生きてきました。ですから噂話を気にしたことがありません。会ったこともないママに悪口を言われていても、ママは気にしません。その人はわたしのことを知らないだけですから。自分の心に自信のある生き方をしていれば、お客さまもついてきてくださいます。

習慣的にただなんとなく悪口を言ってしまう子は、それが悪《あ》しき習慣だと気づいて自分磨きに励んでいただきたい。悪口ばかり言っていると、最低でレベルの低い女だと思われると認識しておきましょう。

悪口を言っているエネルギーがあるなら、仕事をしなさい。人のことでなく、自分がきちんと仕事をしているのかを先に考えて、まっすぐ黙々と仕事をすることです。

悪口は、誰にも関係のないところで穴を掘って言えばいいんです。

客も女もいなせば味方

銀座の街にもプライベートがあります。

昔から銀座では、お客さまがどこからか、誰と誰がつき合っているという話を聞きつけて、「ママ、彼女、○○さんとつき合ってるんだってね。僕は知ってたけどさ」とカマをかけてきます。

そういうときは、その情報が間違っていなくとも、「え？　知らない」ととぼけないと、「あの子がそう言ってたよ」という話になってしまいます。

銀座のなかで誰と誰がつき合おうと関係ありません。けれど、足をひっぱるために、そういう話をわざと流してしまうお店もあります。

以前ママも、よそのママに、おつき合いしている人がいることをあるお客さまに言われてしまったことがあります。

「○○さんにそう聞かれたんだけど、話したの？」と聞いたら、「え？　ごめんなさい。知ってると思って」と言われました。

銀座で何十年もママをやっていれば、知っていても言わないことが暗黙のルールです。

うしろに男の顔が見えるママに、わざわざ何十万円もお金を使ってあげようとは誰も思いません。意地悪以外の何ものでもありません。そういうことを自然にしてしまうようでは、一緒に働いている女の子たちにも軽蔑されるようになってしまいます。自分のプライベートもそこらじゅうで話して回っているならまだしも、やっぱりそれは、たとえバレていても、ひた隠しにするのが、銀座の女です。

なかには彼氏がいる人もいる、子どもがいる人もいる、いろんな事情があります。どんな人のプライベートであろうと、カマをかけられたら「わたしはよく知らないから」と答えるのが一流です。

ママは、昔の自分のプライベートをネタにすることもあります。けれど、本人が言っていたからといって、やっぱりそれを他人が言ってはいけないことだと思います。たとえそこに悪意がなくてもね。

カマをかけられたら、もっともらしく知らないフリをしてあげる。

「わたしも噂で聞いたけど、本人に聞いたら違うって言うし、かわいそうにいつも周りに足ひっぱられてんのよ、あの子」

そう言うのが筋だし、一流の銀座の女です。

そう聞いたお客さまは、「あの子に聞いたら、『みんなにそうやって言われて困ってるみたいで、かわいそうよ』って言ってたよ」とそのまま伝えてくださいます。

本人もそう聞いたら、悪い気分には決してならないものです。自分がそう言ってもらっていたら、その人に何かあったときは、自分も絶対そうしようと思います。

「男なんていない」といえども彼氏がいるときだってあるものです。だけど、お互いかばい合わずにどうするのかと思います。足のひっぱり合いばかりしていたら、銀座に誰も来なくなります。プライベートは守り合うのが基本です。

ママは、最終的にはお客さまにこう言います。

「本当に幸せなら、ここで働いていないわよ。結婚をして不自由なく暮らすか、すごくたくさんお金をくれて、愛人にしてくれて、子どもも生ませてくれて、家も建ててもらって、不自由なく暮らすか。幸せなら、ここで働いていない。みんな不幸だから、ここにいるんじゃない。何十年と働いているわたしはどうなるの」

結局、銀座で働いているということは、寂しい女だからでしょう？　必ずしも幸せじゃないし、親の面倒を見ながら働いていたり。弱い者同士、お金がほしい者同士、お互いかばい合って仕事をしなければ気分も悪いし、頑張ろうという気持ちにもなれません。

№ 2 二十五年を支えた経営戦略

明確なビジョンを持つ

新調日に光れ

ママは毎日同伴のつもりで働いています。今は体が弱くなったので、あまり飲まないようにして、その代わりに毎日同伴を入れています。一カ月の予定表をもらったら、全部の予定が埋まるようにこちらからどんどん働きかけてください。

初日の新調日になぜ同伴しないのか残念でなりません。せっかくきれいな着物や新しいドレスを着ているのに、同伴もしないでお店でお弁当を食べているのは恥だと思ってください。「新しいドレスを買ったから、見てもらいたいの」「新しい服を着ているのに、同伴もしないでお店に入りたくないの」とあらゆることに理由をつけて、お客さまを呼ぶことです。イベントのときも同様、前もって決めておく。ママは、先々《さきざき》の日程に今からリーチをかけています。

ママは、どんなことにも理由をつけて、ひと組でも多くのお客さまを呼んできました。今日一日をどんなふうに過ごすかなんて考えは、単にノルマをこなすためだけのものです。そうではなく、前もって仕込んでおいた仕事を今日どんなふうに発表するかを考えてほしい。そういう仕事ができないなら休んでください。みんなを見ていると流されているような気がしてなりません。水商売をしていて流されるなら、早く結婚してお嫁さんに行ったほうがいいと思いますよ。長くいればいるほど、垢《あか》がつくだけですから、さっさと銀座を辞めたほうがいいんです。

ママのお客さまばかりで、みんながヘルプで笑っているだけなんて情けないと思いませんか。与えられたところに座って、与えられたことしかしない。それは仕事ではありません。

女の子のお客さまばかりでお席が埋まって、ママの知らない新規のお客さまがたくさんいらっしゃるお店、それがママの幸せです。それこそみんなが仕事をした成果だとわかります。

先々のことを考えて仕事をしている人は、結婚をしてもうまくいく、愛人になってもうまくいく。今を一生懸命生きないといい人とも出会えません。気合いを入れて、自分の力でお客さまをつかまえる気持ちを持ってください。銀座に入って、最後は貯金もあって、いい人とも出会えて、笑顔で銀座を上がるようなパワーを持ってほしい。

ダラダラしていると変な男に引っかかって貯金を全部取られてバカを見ます。何億円も吸い取られたホステスをいっぱい見ています。ですから、今自分がどうすればいいのかをしっかり考えて仕事をしてください。

頭のいいホステスは必ずモテます。

タイプでもないのに話をしているとおもしろい。そういう子は、「間」がいい。聞くときはきちんと聞いて、相手が困ったときにポンと助け船を出せる言葉を持っている。自分の知識をひけらかす必要なんてありません。

こういう気遣いのできる子は、タイプでなくてもお客さまから人気がある。お姉さんたちにも重宝がられる。頭がいいというのは、イコールお勉強ができることではありません。

ママは、お風呂に入っているとき、今日この人と会うなら、こういう会話をしようかなと必ず考えます。そういうことを考えている子はいる？　ママみたいに長く生きていれば、いろんなポケットのなかからひとつを選んで咄嗟に話すことはできる。けれど、みんなは、どれくらいのポケットを持っているかしら。

その日のテーマを事前に三つ、四つ決めて、その何個かを順番を変えて、別のお席で同じ話をできるような準備をしておいてほしいです。

お客さまが話したいときにベラベラ話すのはNGです。けれど、間があいたり、チャンスがあったらこの話をしよう、次にはこの話をしようと計画的に考えておけば、たいていのことには対応できます。そこまで緻密《ちみつ》に考えて仕事をしている人が何人いるかです。

お客さまがお話のリードをしてくださるときは、聞き役でも構いません。ただ、その雰囲気に流されて、ずっと人の話を聞いているだけではダメです。そういうときにおもしろい話をポンと提供できるように常に準備をしておいてほしい。

ひとりぼっちで所在なげなお客さまに、「〇〇さん、こないだの件はどうなったんですか?」「飲んでますか。大丈夫ですか」と助け船を出すのも大切です。「オレなんか一番下っ端なのに、なんて気遣いのある子なんだ」と、相手にはものすごく響く言葉になったりもします。

ママがそうやって出会った人が、今は出世して、ベルベに来てくださっています。出会いと縁は一生モノです。

わたしたちの仕事はサービス業です。ボーッとしていないで、いつでも気遣いを忘れないことです。気遣いはタダで済むサービスです。けれどその気遣いが誰よりもできる人がトップになれるんです。

言葉には、上品な言葉と下品な言葉があります。言葉遣いひとつで勉強している人か勉強していない人かがわかるものです。勉強していない人の言葉はたいていが下品です。

そういう意味でも下ネタは難しいですね。

ママもたまにしますけど、女の子が下ネタを言っているのを聞くのはすごく恥ずかしいなぁと思ってしまいます。ママくらいの年齢になって、初めてする話かなと思います。若い子が下ネタを言うと、たいがいその子の私生活とダブるので、なんだか夢も希望もなくなっちゃう。

やっぱり、いくつになってもかわいい女でいなければダメです。

「すごいママ」と言われるのは嫌だけれど、「かわいい」と言われるとすごくうれしい。もっともっと歳を取っても、いつまでも女でいたいし、「かわいい」と言われたい。女性に生まれたからには、永遠に愛らしくいたいものです。

それには笑顔。鏡の前で自分と向き合って、常に最高の笑顔を見せられるようにしてください。

お客さまに「何？　笑っちゃって」、「なんだか顔見てたら、幸せな気持ちになって」と自然に言えるようになれば、話題なんてなくても、相手も幸せな気分になれるものです。どうしても話題が生まれないときには、焦《あせ》らずに、最高の笑顔を出せるようにしておいてほしいです。

新しいお客さまやすごくいいお客さまがいらしたときも同じです。楽しければボトルが一本入る。売上も上がる。もっと幸せな気分になっていただけたらもう一本入る。

何よりもまず相手が何を望んでいるのかを考えることです。

お客さまが接待でいらしたら、そのお連れの方が喜ぶことを考えること。

そういうことを上品にやること。上品か下品かは相手が判断することですけれども、せめて自分が下品だと思うようなことは、絶対にしないでください。

みんな気取りすぎですよ。「誰かわたしのこと見初めてくれないかな」なんて思っていても、誰も鼻にもかけてくれません。自分から働きかけることが何より大切です。今まで無視されていたベルベが、次回からの一番のお店になるような仕事をしてください。

お客さまにとって一番のお店になる——№ 2 二十五年を支えた経営戦略

どんなに頑張っても、景気が悪くて銀座へ来られない方は、本当にいっぱいいます。あるはずの入金がなかったり、取引先が潰《つぶ》れたり、今はお客さまもすごくストレスがあります。

稀《まれ》なケースとして、長年来てくださっている社長は、ママが声をかけなくても来てくださいます。ママが休みでも、「このボトル、開けたら喜ぶだろうな」と言ってくださいます。「シャンパン飲んでいい？」と聞けば、「いいよ」と気軽に言ってくださる。誕生日のときには、ピンクのシャンパンを何本も入れてくださる。そういうお客さまは本当にありがたいです。

でも、そういうお客さまは滅多にいません。上場会社の社長でも、そこまでできる方は、たくさんはいません。上場会社の社長だからこそ、すごく気を使って、ボトルだけで飲んでいたりします。

銀座のお客さまの絶対数が減って、今までのお客さまも少しずつ減っています。そういったなかで、新規のお客さまを少しずつ増やしていかなければなりません。新旧のお客さまの数が交差したとき、初めて売上が伸びていくわけです。お金を使えなくなった時代とはいえ、高所得者や社長、会社の経費をたくさん使える人、そういう人たちを銀座じゅうで、今、取り合っているわけです。

みなさんは現時点でのお客さまばかりを重視しすぎているように思います。

今、銀座に出ている人は、景気がよかろうが、よくなかろうが、使える額に増減があるくらいでそれほど変わりません。ですから、新しいお客さまに出会ったら、どうにかして自分にホレさせようというパワーを出してください。

ママは今、みんなからそのパワーを全然感じられないでいます。いまだに殿さま商売、お姫さま商売で、ずっと待っているような姿勢で話をしている。そういう態度は、お客さまからしたら、歓迎されていないような気持ちになるし、「おまえより美人の女はいっぱいいるんだぞ」と思われてしまいます。

ママは、あなたたちの仕事の仕方にものすごくもの足りなさを感じます。

ひとりひとりのお客さまに対して、「今日を逃したらもう二度と会えない」という気持ちで接してほしい。

やはり組数を増やさなければなりません。組数が増えていれば、この先景気がよくなってきたときに、シャンパンがポンポンポンッと開いて、売上がぐっと上がるでしょう。

それには、新しいお客さま、枝葉、それから若いお客さまを大事にすることです。

昔からママは、若いお客さまも大事に育てています。その方たちにとって、ベルベが一番大好きなお店でなければならないと思って接しています。

今、お客さまは二軒目、三軒目とお金を使おうと思っていません。一番好きな一軒のお店へ行って、一日を終えるんです。ですから、お客さまにとって、「ベルベが一番のお店」にしていただかなければなりません。毎日来ても飽きないクラブにみんなでしてほしいと思っています。

そのためには、常に緊張感を持って仕事をしてほしいです。

お客さまは、敏感ですよ。「なんで俺はこの子に自分の女房以下の口のきき方をされなきゃならないんだ」と思われたら最後です。なあなあな態度も、なあなあな言葉遣いも、絶対やめてください。

きちんとした言葉遣いは、どんな場面でも本当に大切です。お客さまが、「やっぱりきちんとしてるなあ」「長年来てても気持ちがいいなあ」と思ってくださるようでなければなりません。

ユカさんがナンバーワンであり続ける理由はそこです。丁寧な言葉遣い、きちんと勉強をしているから博学で話をしていても楽しい。つまり一流なんです。

さすがに夕方まで寝ている人はいないでしょうけれども、午前中から仕事をして、ランチのお誘いのメールを入れることだって大切です。それを毎日しなさいとは言いません。けれど、そういう日があってもいいでしょう。スーツを着ているお客さまの顔を考えながら、それに合わせた格好を考えて、ランチをご一緒することもお勉強ですよ。

この仕事に限界はあるようで絶対ありません。ひとつ自分で定めた目標を達成できたら、その次の目標を立てて、自ら飛び込んで、チャレンジしていかなければいけません。

みなさんはそれだけの仕事をしていますか。

ママは、お手紙を送ったり、つけ届けをしたり、お店では前のめりで話したり、ついたお席は五分以内に盛り上げようと自分なりの目標を立てていたり、とにかくいろんな努力をしています。そういうママを見て、対抗意識を燃やしてほしい。すごくステキなお客さまがいるときに、ボーッとしているなら帰ってください。

怠けていたら、お客さまから、「楽しかったよ。また来るよ」なんて言葉も出てきません。ママがお席にいなくても、「いい子入ったじゃない」と言われるととてもうれしいです。一生懸命いろんな話をして、お客さまを楽しませる努力をしてくれたんだなと感心します。

いいお客さまは、またいいお客さまを連れて来てくださいます。そして、そのお連れさまが、またいいお客さまを連れて来てくださる。それで輪が広がっていくんです。

目立つ有名な方ばかりに注目するのではなく、隅で地味に飲んでいる方も上場会社の社長だったりするものです。少ないお客さまのなかで、いいお客さまが来たときには、絶対に逃さない。それは、自分自身のチャンスを逃さないことと一緒です。

ママがお席にいないときに「なんかつまんないな。話もはずまない」と思わせてしまったら、それはひとりひとりの責任です。そのひと組だけは必ず週に一度は来ると思えるくらい自信を持った仕事をしてください。

ものすごくいいご縁がたくさんあっても、目の前にいるひとりのお客さまをないがしろにした結果、そのうしろにいるお客さまも失うことになります。

もちろん、有名な会社の社長なら、特に楽しい話をしようとか、盛り上げようという気持ちでいてもらいたい。なぜなら、そういう方はほかのクラブにも足繁く通っているでしょうからね。

チャンスだと思ったら、誰の係りであろうと全力でヘルプして頑張る。「ほかの女の子の係りだし、昨日飲みすぎたからもう飲めない」ではなく、「頑張って飲んだらもう一本入れてくれるかもしれない」という気持ちを持って、全力で頑張ってください。

一日ひと組のお客さま

ママは、毎日同伴するのがあたりまえだと思って今までやってきました。

今、減っていくお客さまを増やすには、積極的に自分のお客さま以外のところに座って、声をかけて、名刺を出して、「アフターに行きましょう」「今度お食事をごちそうします」といろんな努力をして、磁石に吸いつく砂鉄のようにくっついていくことです。そうするとお客さまもくっついてくるんです。お客さまを吸い寄せるオーラとパワーを持ってほしい。食らいついて、ちょっと色気を出して、かわいらしくして、楽しい会話をする。まずはそこから始めてください。

十二月、銀座で一番売っている雇われママは、純売上で二千万円以上売ったそうです。そのママは、三十歳くらいで銀座はまだそれほど長くありません。それでもお客さまが吸い込まれていくんです。かわいらしくて、頭もよくて、スタイルもよくて、年々《ねんねん》ものすごいオーラが出てきています。そういう人を見て、自分に足りないものが何かを学ぶべきです。

ただ、ママがみんなに一番足りないと思うものは、やる気かなと思う。どこのナンバーワンも、どこのママも、みんながみんなきれいなわけではありません。それでもお客さまをたくさん持っていますす。それはどうしてだろうと考えてみてください。

このひと月の体たらくはあまりにもヒドイ。全体の同伴の回数が、よそのお店の同伴の半分以下です。これは、あってはならないことです。水商売ですから暇な日もあります。でも、きれいな女の子が数人しかいないのに、混んでいるお店は毎日混んでいます。それは、お店全体で成功のイメージがみんなについているからです。お客さまも「あそこに行くと、女の子がみんなきれいに見える」と思うほどオーラがあるんです。がらんとしたお店に入ると、生気を吸い取られるような気分になるものです。みんなの力で同伴をして、「やっぱり人気店だな」というイメージをお客さまに植えつけていただきたい。

同伴ができなくても、組数が入っていれば、売上のことは言いません。でも、組数も入っていない。やる気がないとしか思えません。これは全体責任です。

一日ひと組確保と言い続けています。自分のお客さまにしても、人のお客さまにしても、一日ひと組確保すれば満席です。二十六組、二十七組入ったら目の回る忙しさです。その日呼べなかった方を次の日に持ち越ししたら、三十組、四十組いらっしゃるはずです。みんなには、一日ひと組という感覚がまったくない。

自分のお客さまがいらしたときに、お店がガラガラだったら恥ずかしいでしょう。確かに、大事なお客さまがいらしたときは、パッと座れるからいいかもしれません。けれど、帰るときまでずうっとガラガラだったら、「この店はいつもこんなに暇なのかな」と思われて恥ずかしい。

一日、ひとりひと組は呼んでください。欲を言えば、自分の係りのお客さま以外をひとり呼んでほしい。自分のお客さまは来てあたりまえ。自分の同伴したお客さま、自分宛で来た何組かのお客さまは、最初の五分だけ同席して、営業中はヘルプに任せておいて結構です。自分は新規のお客さまとお話して、次にもまた来ていただけるようにするのが仕事です。パーティーのときだけは、めちゃくちゃ呼べるというのではなく、毎日がパーティーだと思って仕事をしてください。お客さまを呼んだ子は、見ていてもわかります。座っていてもわかります。係りも、この子が呼んでくれたんだなとわかります。

とにかく、ひと組呼びましょう。

よそのクラブや地方へ行く機会がありますから、いい子がいたらスカウトしてきます。銀座は、みんなの憧れの地なので、やる気を持って出てくる人がいます。どっぷり東京に住んでいて、なんの感慨もない子よりも、地方から上京してきて「一番になってやる」という気持ちのほうが大切です。

それぞれが、「わたしは一番になってやる」という気持ちで、お店のこと、先のことを考えながら一二〇パーセントの努力をして頑張ってください。

ナンバーワンになるには

銀座のトップクラスの売上の子は、決して美人揃いではありません。ベルベ出身のコケシみたいな顔をした子もすごく売っていました。なんで売れるのか見ていても、「はーい、はーい」と聞くだけで、たまに話してもポコッとひと言言うだけでした。彼女はもともとOLで、スカウトで入ってきました。入ってすぐに、「ナンバーワンになるにはどうしたらいいんですか」と素直に聞いてきました。すぐに目標を定めて、すぐに行動に移したんです。

彼女には悪いけれど、顔はあなたたちより数段落ちる。ママは、その子のことを「コケシ、コケシ」と呼んでいたくらいです。

でもね、彼女はナンバーワンになるために、ものすごく努力をしていましたよ。こつこつ、こつこつ昼間からあいさつ回りに行って、十二時からお客さまとランチをして、三時には別のお客さまとお茶を飲んで、六時には必ず同伴。本当にお客さまの組数が多いんです。

昼間から美容室で着物を着ているんです。そういう努力がなければお客さまもついてきません。こんなにしょっちゅう連絡が来るなら行ってあげようという気持ちにもなる。その子は、一度名刺をもらったら、相手が参ったと言うまで毎月一回千円か二千円のお菓子を送るんです。一回しか会っていないのにずうっとつけ届けが届き続けたら、やっぱり行かなきゃなと思うでしょう。一年に換算したら二万円です。お客さまがいらっしゃるまでに二万円を使っていたとしても、お店に来ていただければ元が取れる。狙った魚は逃しませんでした。

そこまでの努力は大したものだなと思います。

ですから、お店のなかでは「はい、はい」だけで十分なんです。大切な話はふたりきりで話せばいいんですから。昼間働いて、夜はそのお礼でお客さまが来てくださる。女の子を誰かつけておけばいいんだなと、ママは思いました。

けれど、彼女はただ単に「はい、はい」と言っていたわけではありません。確かにどんな接待のお席でも、「ふーん」「それで?」「それからどうしたの?」「わあ、すごい」とか、そういう言葉しか聞こえてこないんだけれども、でも、ちゃんと聞いているんです。「すごい」「へえ、へえ」と会話を受け流しているだけのように見えて、「それで、その○○さんの息子さんはどうなったの?」と、会話の核はちゃんと聞いているんです。聞いていなければ、固有名詞はさらっと出てきませんからね。それを、とても上手なタイミングで聞くんです。そうするとお客さまは、この子はずっと一から十まで聞いていてくれたんだなと思ってうれしいものなんです。

元ＯＬが、スタート前にナンバーワンになるにはどうしたらいいかと聞いて、すぐにナンバーワンになって、ママになったわけです。

ナンバーワンになる条件は、きれいとかきれいでないとかではなく、品のよさです。その子は、確かに品がよかった。常にお客さまの話を聞く耳を持っていました。そして、毎日真面目に出勤していました。

そこまでの努力をきちんとできればナンバーワンになれるんです。小さなことでもいいから、とにかく自分なりの目標を持って日々仕事をしてください。

ホステスとしての自覚

場の空気を読む

あるとき親友に、「チャコは会話の芸術家ね」と言われました。

「会話がうまい。間がいい、気持ちがいい、話していて楽しい。場が盛り上がる。それは年齢でもないし、色気でもない。自分のなかにパワーがあるのね」と。それは、どんな賞賛よりうれしかったです。

みんなが頑張っていないというわけではありません。けれど、自分に自信がないんでしょうね。自信がある人の発するパワーは全然違います。

ダメなのは、察しが悪いホステスです。

お客さまと向かい合って話をしているのに、おもしろくないなという顔をしているのがなぜわからないのか不思議です。ずうっとダラダラと自分の話ばかりをしていたりする。お客さまによっては、「おまえの話を聞きに来たんじゃない」と言ってくださいます。けれど、口に出せないお客さまにとっては、ただの苦痛です。

それに、また来てほしいと思って、どう見ても気に入られていない方に一生懸命話しかけたり、矢継ぎ早に話し続けたら、もっと嫌われます。

ママも、このお客さまは、わたしのこと全然タイプじゃないんだなと思った経験は何度もあります。そういうときは、黙ってにこにこしてお客さまの話を聞いていなさい。相手から声をかけてくださったときがチャンスです。

いずれにせよ会話力と空気を読む力は非常に重要です。

やっぱり芸者衆は、お話が上手で、場の空気をしっかりと読みます。ですから、その場全体のムードメーカーになれるんです。だけど、芸者衆はひと座敷二万円ですよ。人気のある人は、ひと晩で最高でも四席でしょう。つまり八万円のお花代。でも、一本もお座敷に入れない人がたくさんいるんです。だからこそ三味線や踊りを日々練習しているんです。

じゃあ、銀座のホステスってなんですか。

ただ座っているだけで数万円ももらって、なんの芸もない。それではダメなんです。

沈んだお席、誰かが怒ってしまったお席、お客さま同士がケンカをしたお席、そのどのお席についても、最後にはホステスがその場を盛り上げて、「乾杯」と言って、お客さまを笑顔で帰す。楽しませて帰す。それがホステスの仕事です。

水商売のプロとは何かをもっと考えて仕事をしてほしい。

常にお客さまから「ベルベに来てよかった」と思われるような仕事をしてください。

お客さまの色を知る

着るものは、その人の印象をまるっきり変えます。

いい洋服を着ている人、いい着物を着ている人、いいドレスを着ている人、そういう人は、やはり目につきます。

お客さまはかわいらしさや女性らしさを求めて銀座へ来ています。

この間、ママがフリルのワンピースを着ていたら、「春らしい服でいいね」とお客さまが何度も褒めてくださいました。

それで、隣りの子を見ると黒いんです。

カラスの軍団かと思うくらい同じテーブルの女の子たちが黒い服ばかりを着ていたこともありました。イスが黒いのに、黒い服を着たら同化してしまうでしょう。せっかくの美貌《びぼう》が台なしです。

お客さまの奥さまたちが着るような黒いドレスを着てどうするんですか。OLが着るようなスーツを着てどうするんですか。

お客さまは銀座に夢を買いに来ているんです。いつもとは違う景色を見せてあげられないで、ホステスなんて勤まりません。

お客さまはたいていダークスーツです。同じような色を選ぶのではなく、女性らしい服、華やかな色遣いの服、品のいいセクシーなドレスを着なさい。

お客さまも格好いいな、かわいいなと思ったら、連れて歩きたくなるものです。

なぜ自分をアピールしようとしないのか不思議でたまりません。


お給料がよくないとはいえ、みっともない服では仕事になりません。安いなりにも自分で工夫をすれば、高く見えるものもあります。毎日ロングドレスを着なさいとは言いません。けれど、インパクトのあるドレスを着てほしい。ワンピースを着るときには、春ならば桜色や花柄、赤やピンクの明るい色とデザインの服を選んで着てもらいたい。

服を新調するときには、そういうこともきちんと考えるのがプロです。

よそのママが遊びに来たとき、華やかな服を着ている子はやっぱり目を引いて、顔は二の次になってくる。お客さまも、「え、いつもの子？　今日は一段ときれいだね」と注目してくださいます。

それでも黒い服を着たいのなら、引きずるようなロングドレス、胸もとが上品に開いていて、背中はお尻まで見えそうなくらい開いているものならいいです。今はキャバクラの女の子たちのほうが断然ロングドレスを着ています。

とにかくベルベは地味な服を着ている子が多いから、一緒にお客さまを外へお見送りに行くと、ちょっと恥ずかしい。外に出るといろんな人が見ています。そういう意味でも気遣ってもらいたい。

どんなときでも、品よく誰よりも目立つようにみんなが心がけてほしい。

ママが前髪を上げなさいと言うのは、顔が明るくなるからです。前髪が下がっていると暗く見えるんです。前髪をピシッと上げているとお客さまから必ず褒められます。


ママはお客さまに、「やっぱり銀座は違うなあ。この景気が悪いときに、銀座に来て力が出た」と言わせたいんです。

長年かけて着るものやアクセサリーをいっぱい揃えました。銀座は、景気が悪いなかでの希望です。服装、会話、すべてにおいて、やっぱり華やかでなければ銀座じゃない。誰が見ても華やかな気分になる服を着ること。そういう意味でも、きちんと目を肥やして、銀座の女性であるというプロ意識を必ず持っていてください。

ただ、同伴のお食事場所によってはきちんとスタイルを変えること。

超一流のお客さまがいるようなお店に、目の周りが真っ青なお化粧をしていたり、胸が出てしまいそうなドレスを着るのは考えものです。

お店の場所が銀座なら、同伴かなと思われるかもしれませんけれど、銀座から少し離れたお店なら、羽織るものを持っていくなどの細かい気配りも必要です。対面がキッチンのお店や格式のあるお店には、それなりの服を着て行く。お客さまは、一度恥をかくと、絶対に次は連れて行ってくれません。やはり相手にも顔があるわけです。

ママは以前、上場会社の社長に「君はいつ会ってもミラーボールみたいにギラギラとした服を着ているから、あの料理屋にはなかなか連れて行けないな」と言われたことがあります。「社長とのお食事のときは、きちんとしたスーツを着て行きます」と言っても信じてもらえませんでした。

そんなとき、父が亡くなって、そのお客さまがお葬式に来てくださいました。そのときママは、喪服を着ていました。そうしたら、「その喪服が一番似合うよ」と言うんです。

そのあとでした。その社長が同伴にも連れて行ってくださるようになったのは。

次に会話です。相手によって会話を変えることです。お客さまとそのお連れの方の仕事が決まるかどうかのときに、「〇〇さーん、それで昨日ね～」と相手にしてもらおうと必死になって話しかけていたら、「ああ、この場に連れて来るんじゃなかった」と思われてしまいます。ママは、そういう女の子にテーブルの下で合図を送ったことがあります。それに対して「なんですか」と驚く子もいるわけです。「なんですか」じゃありません。酔っ払っているならまだマシです。ママも、「この子、酔っ払ってるからゴメンね」と言いわけができるから。

けれど一番怖いのは、その場の空気を読めずに言ってはいけないことばかり言ってしまう子です。そういう子は、どんなにきれいでも、お席にも呼ばれなくなります。

お客さまは、ただの三流ホステスとお鮨屋さんで同伴なんてしたくありません。だって、自分が三流のホステスと会話しているのが周りにいる方々にも聞こえてしまうでしょ。会話はある程度知的でなければ、相手も自分も恥をかくことになるんです。

TPOに合わせて、きちんとした装い、きちんとした会話ができるようになること。

わたしたちの仕事は、あの場所ならこの格好、このお客さまのお連れさまはこんな感じ、だからこういう会話をしよう、と総合的にその場の空気を読むことです。細やかな気遣いをして、心を打つおつき合いができるように心がけてください。

きれい好きは仕事もきれい

№ 2 二十五年を支えた経営戦略

一度ズル休みをすると、どんどん心と体がたるみます。だらしないリズムができて、休むのがあたりまえになってしまう。今月は出勤日数も多いから、二日くらい休んでもいいかなと思ってしまうようになる。

そういう自分に対するズルさや甘えは、ものすごく生活に響いてきます。

ホステスをしていると朝方酔っ払って帰るのは稀なことではありません。けれど、次の日にスーパーへ行ってお料理をつくる人は、そうそういないと思います。子どもがいる子は、またちょっと違うかもしれないけれど。

食事の時間のリズム、起床のリズム、そういう生活のリズムが人間を育てます。

ママは犬がいるので、酔っ払って帰っても十時、十一時には一度目を覚まして、お散歩へ連れて行きます。一度外の空気を吸って帰ってくると、頭のなかがすっきりします。新聞にざっと目を通して、電話やメールなどを済ませて、それから少しお昼寝をしようかなと思う。

どんなに酔って帰っても、お昼に一度起きればちゃんとお腹は空きます。軽いものを少しお腹に入れて、それから、同伴があるなら同伴、ないなら中途半端な時間にまた食べればいい。

出前やコンビニではなく、たまには自分でカロリー計算をしながら料理をして、良質なたんぱく質をとって、緑黄色野菜をしっかりととる。

今彼氏がいなくても、これからお嫁さんに行くかもしれないんです。酔っ払って帰っても、いつもきちんときれいでいることを心がける習慣をつけておきなさい。

そういう心がけを失うと女性としての魅力もなくなります。

たとえば、玄関先は常にきれいにしておくとか、洋服を脱ぎっぱなしにしないとか、部屋の空気をこまめに入れ替えるとか、自分なりにひとつでもルールをつくっておく。

部屋がきれいになれば、料理に挑戦して、体にいいものをとり入れようとか、余裕が生まれて心身の状態もよくなります。そうしたら、お店でもさわやかな笑顔でお客さまとお話ができます。

昔、ベルベの女の子の家へ夜中に突然行くことになりました。

その子は「本当に散らかっているから、恥ずかしい」と言っていましたが、すごくきちんとしていました。キッチンも料理をした形跡があるのにきれいにしていて、前日の着物が一枚かかっていただけでした。それを、「恥ずかしいからママ見ないで」と言うんです。着物一枚だけです。

ママの友だちにも、すごくきれい好きな子とすごく汚くしている子がいます。

きれい好きな子は、友だちが遊びに来るというと大掃除をして部屋じゅうをきれいにして、余裕を持って「ごめんね、散らかってるけど」と人を迎え入れるんです。でも、汚い子のところに遊びに行くと、「ごめんね、散らかってるけど」という言葉そのまま。

招かれたほうにとっては、雲泥の差です。

でもきれいにしている子のほうが仕事もできるものです。それに、「この子の部屋は汚いだろうな」とイメージさせてしまう人は、やっぱり三流です。

酔っ払って帰ってきて、着物の帯がすとんと落ちてトグロを巻いていて、頭のピンもそこらじゅうに散らかっていても、次の日には、きちんと片づける。放っておくと、どんどんたまっていきますよ。そこには運も舞い込んできません。ですから、お休みの日には、玄関先に出ている靴を片づけて、運が舞い込んでくるようにと願いながら、生活のリズムを見直してください。気ままなひとり暮らしが長くなると、食事もしないで夕方まで寝ていて、ごはんも食べずにお店へ来て、おせんべいをつまんだりしている子がいます。

朝までアフターをして酔っ払って帰って、二日酔いのときは、何も食べる気がしないのはわかります。でも、空腹のときには、酔えば酔うほど何か食べたくなるものです。それでテーブルのおせんべいを食べるのは、見ていて本当にはしたない。大体、テーブルのものは食べないでほしい。

ママは昔からそれを心がけています。以前、すごく酔ってしまって、突然ムシャムシャ食べて、なんてみっともないことをしたんだろうと自己嫌悪に陥ったことがあります。みなさんは、そういう感覚をきちんと持っていますか。

ホステスが同伴以外でものを食べるのは、すごく下品なことです。

テーブルの上のものは一台数千円です。全部食べておかわりなんてみっともありません。その上、タコ焼き取ってくれ、お寿司取ってくれって、ホステスが食べたいがための注文ならば、ひどい三流ホステスです。

それから、ミーティングのときに、お店で出しているお弁当に文句をつけているバカな女の子がいます。ママはとてもおいしいお弁当を出しています。本来はお弁当なんて出さなくてもいいくらいです。けれど、スタッフが食べていて、女の子たちには出さないのはおかしいでしょ。だから出しているんです。文句をつけるくらいなら、自分の力で同伴して、おいしいお食事をしてきなさい。勘違いしないでください。

本来は、すべて同伴から始まるんです。毎日にように同伴をしていると、体のリズムができます。アフターは朝までするのはやめよう、早く起きようという気持ちになる。

自分で自分の生活リズムをコントロールできるようになってください。自分の生活スタイルを見直して、健康管理をしっかりしてください。

驕《おご》らず、女であることを忘れない

№ 2 二十五年を支えた経営戦略

お客さまには、それぞれ係りがいます。お店からいただいた係り、もともと自分の係り。けれど、係りということに依存しすぎてはいけません。長年係りを務めてきた自分が、そのお客さまに何ができるかを常に考えていなければなりません。「かわいい子が入ったからつけますね」なんて、女衒《ぜげん》的なことを言っている場合じゃありません。

ママは、十年、二十年のお客さまに対しても常に女でいることが一流だと思っています。その年齢なりの女のよさがあります。いくら長年の係りだからといって、色気は全部若い子に任せるというのは、おかしいと思います。銀座の一流の女でいる以上、色気を大切にしなければ失格です。色気、色気といっても、ただ見せればいいというわけではありません。女性らしい素直さ、かわいらしさ、そういうのもひとつの色気です。

ママは、社長業、ママ業が長い分、何か大きな失敗があったときには、ウチのスタッフを蹴飛ばしたりもしますけれど、お客さまに対しては、ひとりの女でいたいと思っています。

でも、係りであるがゆえに自分磨きを怠って、自分が女であることを忘れる人もいます。

お客さまが、横についた女の子を気に入ったとき、「もともとわたしが係りなんだから、売上はわたしに入ってくる。だから、あとはその子に任せておけばいいや」と思ってしまう。そういう子を見ると、「若いのにもったいないな」とママは心配になります。

特に係りならば、そのお客さまが気に入った女の子に負けないように、さらに自分を磨く努力をしてほしい。お客さまの気持ちをぎゅっとつかみ続ける努力をしてほしい。もちろんそれは係りだけでなく、みんなが常に自分を磨く気持ちを持っていてほしいです。

ですから、美容室には常に行きなさい。行っていない子はすぐわかります。お客さまもきちんとしていない係りなんて嫌ですよ。アクシデントがあってどうしても行けなかったというのは許します。けれど、そんなことは二度も三度も続かないでしょう。係りであることに依存しすぎると、そういうところがなあなあになって、お客さまから不満の声が出てくるものです。

係りになったことが始まりで、終わりではないんです。その気持ちをずっと継続できなければ意味がありません。

いつも来てくださるお客さまは、その日のひと組に数えないような仕事をする。新規のお客さまには、次回もまた必ずいらしていただく気持ちで仕事をする。ママは普通に座っていても斜め前に体が向いています。周囲がガヤガヤしていたら、お客さまのお話も聞こえないでしょう。そういうことを考えれば、みなさんも自然と体がお客さまのほうへ傾いていくはずです。それなのに、あなたたちは偉そうにうしろのめり。あなた目当てのお客さまはひと組も来ていないのに、何がそんなに偉いのかわからない。ママはあなたたちの仕事の仕方がもったいなくて仕方ありません。

我慢の限界点を高める

ママは日頃、女の子たちに、「お金儲けは我慢代。我慢するから高いお金をもらえる」と言っています。その気持ちを持ち続けられれば、水商売のプロになれます。

ママも嫌なことや嫌味を言われれば心の底で泣いています。でもそれを顔に出してしまったら、そこでおしまいです。

自分が誰よりもきれいだと思っていても、お客さまにはタイプがあります。タイプじゃない女の子が座ったときは、ボロカスに言います。それでも我慢をしなければいけません。そのお客さまが気に入っている子を立ててあげるのがヘルプの役割です。なんでもかんでも、自分が、自分が、ではダメなんです。

けれどこの間、ママは我慢の限界を超えました。

お客さまにすごくしかられて、謝って、謝って、本当に心から謝罪しているのに、「許さない」と言われて、血管が音を立てました。でも、そこで「ふざけるな」と言うのは簡単です。だからママは、静かにじっと我慢していました。そのお客さまは、その後も来てくださいます。

腰の低いナンバーワンのユカさんが、機嫌の悪いお客さまから、なんのいわれもないのに思いっ切り往復ビンタをくらったときもそうでした。そんなことをされれば、泣きたくなります。ただ、ユカさんは涙も見せずにじっと我慢していました。ママも、「涙は見せずにお席を立ちなさい」と目配せしました。それを合図にユカさんもすっと奥へ行きました。

そのお客さまが違う日にいらしたとき、「いやぁ、この前は悪いことをしちゃったんだ」とママにひと言言ったんです。ここです。ここで、まず流すこと。お金儲けは我慢代、我慢することが重要なんです。お客さまが悪いと思って、謝ってくださったのなら、我慢して、また笑顔で迎え入れなければなりません。

そういった意味でも、我慢の限界点は高くしておくべきですね。ただ、人それぞれ我慢の限界があります。ベルベの看板もあります。銀座の女としてのプライドもあります。ブチ切れたらブチ切れたで仕方のない場合もあります。以前お客さまがスタッフに暴力を振るったときは、「お金いらないから帰って」と言いました。お客さまだからといって、暴力を振るっていい理由にはなりません。

その代わり、「ベルベに出入り禁止なんてことになったら、『我慢強いチャコママ』に見捨てられたっていうレッテルを貼られるわよ」と捨て台詞《せりふ》も言わせていただきますけれど……。ただ、そこまでいく前にたいていのお客さまは気がつきます。

けれど、サービス業についている以上、お客さまからのクレームには敏感であってください。お客さまの言葉を素直に聞けば、永遠に学び続けることができるんです。

パーティー期間中は混んでいるから、来たくないというお客さまもいます。そういうお客さまには、パーティー以外の日に来てくださいと約束を取りつけておく。逆に、パーティーには行けないから、先に祝ってあげるよと言って、シャンパンを開けてくださったお客さまもいます。今日の営業にも、「来週行けないから」と言うお客さまが、ボトル十本を入れてくださるとおっしゃっています。そういうふうにお金を使ってくださるお客さまをあたりまえと思った瞬間、そのお客さまを失ったも同然です。

お客さまは、ママには必ず愚痴をこぼします。その愚痴をママが噛《か》み砕《くだ》いて、女の子に教えるのもママの役割だと思っています。ママに対して、お店に対して、女の子に対して、そういう苦情は、嫌というほど聞きます。それに対してママは謝って、その子のフォローもする。そうすると、そのうちに「僕も言いすぎたよ。今夜は飲もうか」と言ってくださる。相手が何か言いたいと思っているときに、こちらからも反撃しようと威張っていたら、おしまいです。

まずは、どうしてそんなふうに思ったのかを聞くことです。たいていは、「僕はこんなにお金を使っているのに、なんでこうなるんだろう」というところから始まるものです。わたしたちがお客さまと友だち関係で、一銭のお金のやり取りがないというのなら、対等に「もう二度と電話してこないで」と言えば済むけれど、そうではありません。わたしたちとお客さまの関係には、必ずお金が絡んでいるわけです。

そういう意味で、ママの我慢の限界点は、ほかの人よりも、ものすごく高いと思っています。だから今があるんです。自分なりにココだけは、きっちりしておこうというところを押さえておいてください。お客さまが文句を言ったとき、自分が向上できるチャンスです。倍返しで文句を言ってしまう子はそこで止まってしまいます。文句を言われた十個のうち一個だけしか悪くなくても、それは反省するチャンスです。

ママは、文句を言われても自分が成長できるチャンスだと発想を切り替えて謝ります。変なプライドは捨てなさい。そうでないと、お客さまに嫌味を言われているのに、「わたしにホレてるから大丈夫」と驕ってしまう。成長もそこで止まってしまいます。お客さまに文句を言われたら、「教えてくださって、ありがとうございます」と言ってみなさい。お客さまもそれ以上は言いませんよ。逆に、好きになってくれるかもしれません。ちょっと若くてホレられているからといって、文句に文句で返していたら、それはただの甘えです。

幸せなオーラは出さない

銀座は、一度結婚して、戻ってきましたと言っても通用する世界です。

お客さまは不幸な女が好きなんです。幸せな女を応援するわけじゃない。もしママが結婚して幸せなオーラを出していたら、お客さまは減るでしょう。お客さまは、ホレてるという理由だけで通うんじゃないんです。不幸せだけど、不景気だけど頑張っている女の姿を見ると、なんか「もう一本」と言いたくなるんです。

ですから、ママは銀座にいる間はずっと不幸なままでいなければなりません。不幸な女性を演じて、「助けて」と言うかわいらしさを持っていなければいけないんです。

女の生きざまは、四十歳を過ぎた頃にはっきりしてきます。今の生き方が、四十代以降の幸せにつながっていきます。調子に乗って楽に生きて、逃げてばかりいる子は、歳を取ったときに、すごくつらい思いをするでしょう。まっすぐ生きていたら、それをずっと見ていた人がいきなりプロポーズしてくれたりするかもしれない。

そういうことを夢見てほしい。ウソをつかずに、まっすぐ生きていれば、チャンスは必ず誰にでもやってきます。

四十代になったときに、きれいな心のままでいられれば、そういう人が現れるでしょう。それには今の生き方が全部反映されます。怠けたい気持ちは誰にでもあると思います。でも、怠けていてもお金をもらえる時代ではなくなりました。怠けたら、怠けた分自分に返ってきます。

今をしっかり生きましょう。

区別も必要

わたしたちの仕事は、体の関係のないお客さまにどれだけお金を使ってもらえるかです。体の関係のない方々が、数百万円も使ってくださるわけです。それに対して、わたしたちホステスが、どういう誠意を返せるかです。たとえお客さまが気難しい方だったり、わがままだったりしても、きちんと違うものは違うと言えば、いずれはわかってくださいます。ですから、常に自分なりのブレない軸を持っていることです。

何があろうとも、使ってくださるお客さまの言っていることが一番です。ですから、体の関係を迫られるというようなこと以外は、ひどいことを言われても、仕事のひとつだと思ってください。「ちょっとホレられているし」「このくらいならいいかな」という驕った気持ちを持つとお客さまはピタッと来なくなります。

ママはお客さまに物申すこともありますけれど、必ずあとでフォローしています。ママの支払いで食事に行ったり、飲みに行ったり、プレゼントを送ったりしています。「あの人にはネクタイ一本なのに、ぼくには十万円もするエルメスのシャツをくれたよ」とか、「こんな高いもの、初めてもらったよ」と喜んでくださったら、それを一生憶えていてくださいます。

お客さまに対して、区別があってあたりまえです。ひと月に数十万円使ってくださる方と、ひと月に数百万円使ってくださる方と、わたしたちは、それぞれのお客さまにどういう気遣いをするか。

ベルベのナンバーワンは、シャンパンが一本出るたびに、「ありがとうございます」と言葉にします。シャンパンを入れてもらうのはあたりまえという感覚を持った瞬間、お客さまにはすぐ伝わります。常に感謝の気持ちを持って接することができれば、お互いに相手を思い遣る関係を築けるんです。ママは、そういうお客さまに、どれほど助けられたかわかりません。みなさんも、どんなことがあろうともその場だけの判断をせず、お客さまを大切にしてください。

お客さまがちょっと的外れなことを言っても、まずは受け流すことから始めましょう。聞いていて、あまりにもひどいことだなと思ったら、「お客さまがよそのお店で恥をかくといけないからお伝えしますけれど」と言えばいいんです。ママの場合、たいていのお客さまは、「このままよその店で言ってたら恥かいてたよ。ありがとう」と場もおさまります。

まずは聞いて、受け流す。あまりにもひどいときにはお伝えする。そういう気持ちでいれば、お客さまも納得してくださいます。

パーティー中も同様です。

長時間いればいるだけどんどんボトルを開けるお客さまなら、お席を変わらなくても結構です。一方で、混んでいるから帰ると言いながらも長居するお客さまには、また別の対応や言い方があります。「お店の周年パーティーだから、ママのために、お店のために、ちょっとお席を空けて、一軒行ってから、よろしければ最後にまた戻って来てくださる？」とお客さまのプライドは傷つけないようにすることが大切です。

混んでいるのが嫌なお客さまには、パーティーの次の週にぜひ来てくださいとお願いしたり、少し時間をずらして来てくださいと言う勇気を持つ。それが、その人のプロ意識です。パーティー中はノルマがあるので、みなさんもなんでも入れようとするでしょう。けれど、銀座は居酒屋ではありません。自分のための利益やポイント獲得へ向けた仕事をしていると、結局はお客さまを怒らせてしまいます。自分のことばかり考えるのではなく、お客さまのことも、お店のことも考えて仕事をしましょう。

お客さまを見極める目を持って、柔軟に対処してください。色気のおつき合いはできなくても結構です。お断りしたあとにきちんとフォローできていれば、お客さまは必ずまたベルベへいらしてくださいます。水商売だからといって、体のおつき合いをしなければお客さまに逃げられてしまうなんてことはありません。ママは色気商売をしなくても自信があります。

いつもステキなドレスを着て、ピシッと背筋を正して、ステキな笑顔でお客さまをお迎えしたいですね。そういう気持ちがお客さまのリピートを促すんです。

今回の二十周年パーティーは、ママにとって本当に節目のパーティーです。

今回ばかりはいっぱいお金を持って、ベルベへ来てねと今からお客さまに一生懸命お願いしています。二十周年なんてそうそうないことです。

みなさんも自分のお客さま以外のお席でもきちんと協力し合ってお仕事をしてください。とても忙しいと思います。ひとりのお客さまが二名さま用のお席にいたら、「ここふたりの席だからカウンターに移ろうか？」とお客さまから言っていただけるような雰囲気やヒントを与えられるようになってください。いつも長時間になるお客さまには途中から来てもらうとか、「早い時間に来てオープンラストなら、それだけ使ってくれないと」と遠回しにでも言えるくらいの気持ちでいましょう。気をつけてほしいのは、ぶしつけに言いすぎてしまうことです。忙しいときにお客さまを怒らせてしまうとママもフォローができません。それ以来、来なくなってしまうこともあります。お客さまのプライドを傷つけないように気をつけて、気持ちのいい仕事をしてください。

スキルを身につける

銀座での行動で男がわかる

上場会社の社長が、「この人は、こういう人だよ」とお連れさまを紹介したら、「銀座では、週にどのくらい飲むんですか」と聞いてみる。「週に二〜三回」と言われたら、週に一回は必ずベルベに来ていただけるように、どんなタイプが好きなのか、どんどんひも解いていく。

ただ、「何を召し上がってきたんですか」「今日はどうしたんですか」と、なんでも質問する三流ホステス、これはダメです。お客さまは疲れてしまいます。

やっぱり楽しい話をしなければなりません。つい先日、お客さまが、「ベルベへ行くと、いっつも裁判されちゃうからな。文句ばっかり言われて、楽しい話をしに行きたいのに、行くのがイヤになっちゃった」と言っていましたよ。

高いお金を払って、ずっと文句を言われるなんて嫌ですよね。おつき合いをしているわけではないんですから、こちらがケンカ腰になる必要なんてないんです。お客さまは、いろんなことを忘れたくて銀座へ楽しみに来ているんです。

ただ、新しいお客さまにはもっと食らいついてほしい。「銀座に飲みに行くぞ」という気持ちで来ているわけですから、お金は持っていると思います。そういうときにグッと食らいつかれたら、気持ちがいいものです。タイミングを逃してはいけません。

「仕事に成功して、銀座でいい女に囲まれて、楽しくお酒を飲みたい」

それが男の欲望です。それを満足させてあげられなければホステス失格です。ボーッと眠そうな顔をしていたら、「銀座ってこんなもんなのか」と思われてしまいます。銀座の女のプライドを持ってください。

逆に、銀座で長年飲んでいる格好いいお客さまは、いい女だなぁと思っても、絶対に男がいると思うものです。ですから、「男はいるのか」と聞かれたときの上手なかわし方を覚えてください。

ママは、たいていお客さまにはこう言います。

「銀座であなたがいいなと思う女がいたら、男がいてもいなくても、くだらない男に決まってる。だって水商売で働かせているくらいだから、たいした男じゃないのよ。そのいい女にどんな男がいようと、自分が幸せにしてやろうという気概を持ちなさい」

昔、ママは、大好きな人は自分から口説いていました。その人に女が何人もいるのを知っていても、本人が「オレには女がいる」と言っても、全然関係ない。「わたしが一番になってみせる」と言ったら、すぐに全部切りました。

男の人に口説かれたとき、「わたしの一番の男になるなら、おつき合いしますよ」という感覚を持ってほしい。そうすれば男の人もお金と時間を使ってくれるでしょうし、レディーにもしてくれます。あなたたちに男がいようといまいと、ホステスは、お客さまの疑似恋愛の恋人として存在すべきなんです。チューくらいなら上手にかわすこと。それができてプロの女。銀座のなかでモテる女と言われて初めて一流です。

銀座は循環しています。お客さまもプロの女を育てなければならない。

だからこそ、こういう悪い時期には、いいお客さま同士を引き合わせて、紹介するんです。Aさんとそのお連れのBさんをCさんと引き合わせて、BさんがCさんと単独で会えるようになると、Bさんは、また新しいお客さま、Dさんを連れてお店にいらして、またCさんに相談に行く。そうすると、「銀座へ行ったら、ベルベには必ず行かなくちゃダメだよ」と言ってくださるわけです。それでどんどん新規のお客さまが増えていく。紹介できるようなお客さまがいない子は、いろんな知恵を絞って、いろんな人とお話をして、いろんな情報を集めておく。

ママもよそのお店のママとはいろんな話をします。よく話に出るのは、お客さま、男性のことです。銀座のなかだけの行動で、その男性の価値観は顕著に現れます。

男性というのは基本的にケチなんです。銀座に出ている男は、みんなケチ。好きなお店で、好きな女の子が「シャンパン飲みたい」「もう一本飲みたい」と言えば、鼻の下を伸ばして「いいよ」と言うけれど、頭のなかでは「あっちのお店を一軒削《けず》ればいいか」と計算している。だから、昔からの義理で行くお店ではケチになるわけです。その気持ちはママもわかります。自分の使いたいことには使うけど、変なところですごくケチだったりする。

あとで請求書を見たときに、「え?」と怒りが込み上げて、なんでもない不満が出てきて、ぶつぶつ言う。

今は、ちょっと使っただけで深い関係を要求してきたり、お金を使えるお客さまが横柄だったりします。昔から銀座では、お金を使ってあげたんだから、「一回いいだろ」という感覚が多少なりともあります。突然わがままになって、使った金額分の見返りを求めて当然という態度を取るお客さまもいらっしゃいます。おかしなバランスだなとは思います。

昔なら「もう二度と来ないで」と言ってしまえるところがありました。けれど、今はじっと我慢して、黙々と、コツコツと仕事をするしかありません。そうしなければどうにもなりませんからね。

けれど、こういうときにこそ、スターが育つんです。

自分が救世主になる、毎日お客さまを呼んでやる、毎日同伴してやる、そういう気持ちを持てる子が、駆けのぼっていくんです。昨日、今日入った若い子が来年の今頃は、ナンバーワンになっているかもしれないんです。まだ入ったばかりだからとか、出戻りだからとか、もういい歳だからとか、なんの理由にもなりません。お客さまも、若ければいいという方ばかりではありません。その証拠に、ママにホレて通ってくるお客さまがいるわけですから、あなたたちはもっと魅力を振りまけるでしょう。

お客さまからいいなと思われたら、何がなんでも通わせると思う根性がなければダメ。明らかに自分がタイプなんだろうなとわかっていても、そういう根性を持てない子がたくさんいるように思えます。ママがいうチャンスを生かせというのは、つき合いなさいとか、深い関係になりなさいとか、決してそういうことではありませんからね。

ママが銀座に入りたてのときは、狂わせて通わせていましたよ。ギリギリまでホレさせて、最後は「ダメ、ダメ」と寸止め。関係を迫られたとき、断るのが怖いと思っているんでしょうけれど、これがわたしたちの仕事です。話せばわかってくださいます。

みんな十分魅力があるのに、なんでこんなにお客さまを呼べないのか、もっと自己分析をしてみてください。

よそのお店では、それほどきれいでもない子が、すごく色気を出して「〇〇ちゃま」とか言いながら、かわいい接待をして通わせていますよ。もしかしたら、そういう関係になっているのかもしれないけれど、なったところで来ない方は来ません。逆にいえば、そういう関係になっても通って来るなら、それはそれで自分なりの方法論をしっかりと持ってるのかもしれません。

アフターフォロー

エロいお客さまは、誰にでもエロい。酔うとさらにエロくなる方もいます。

清純な顔をしてシャラッとした女の子が、「あの人、思いっ切り口説きですよ。でも、別に強姦《ごうかん》されるわけでもない。ちょっとキスして、ちょっとオッパイ触るくらいだからかわいいものですよ」と根性の据《す》わったことを言っていました。そういうことを経験している分、お客さまからの同伴も引く手あまた。誕生日月にはパンと売上が上がる。

水商売とはいえ、お客さまのやりたいことをどんどんさせてあげなさいとは言いませんけれど、酔っ払ったお客さまに、真剣に「やめて！」と言う子は、水商売は辞めたほうがいいでしょう。おふざけでチュッとしようとしただけで、あからさまに逃げようとするのを見るとおもしろくない。チューくらいしてあげなさいよ、オッパイくらい触らせてあげなさいよという気持ちも、多少あります。陰険なエロいお客さまには、そういう態度を取っても仕方がありませんけれど、明るく楽しいならば、受け流してほしいです。

「シャンパン入れたからチューしてくれる？」

「いいわよ。その代わり、みんなの前じゃないとダメよ」

そういう明るいかわし方もあります。あまりにも堅すぎると、お客さまはおもしろくありません。

気分がハイのときは、明るくかわいらしい態度を取ってみる。お客さまが「こんなことする子だったかな」と思うようなことをしたら、また別の一面を知って愛らしく見えたりするわけです。いい子になりすぎないで、たまにはかわいらしく酔ったフリをしてもいいんです。

そういう態度を見て、お客さまはまた行こうかなという気持ちになるんです。

シラフじゃできないというなら、いつもより少し多めにお酒を飲んでみる。シャンパンを飲ませてくれたら、酔ったフリをして、チュッとしたり。

そういうことがあると、お客さまは俄然《がぜん》頑張り出して、もう一本飲ませてやろうかなと思ったりするるんです。やっぱりエロチシズムがなければクラブへは来ません。奥さまで満足しているなら頻繁に来ることはありません。むくむくとエロチックな気分を思い出して、また通っちゃおうかなという気持ちを起こさせることが大事なんです。

ですからあまりお客さまを怖がらないようにね。

アフター先で危ない目にあったら、蹴飛ばして帰ってきなさい。「俺はママの大切な客だ」と言われても、そんなくだらないお客さまはいりません。まずはあなたたち自身の身を守りなさい。銀座は売春宿じゃありません。ママの大事なお客さまが、あなたたちの言動で一時、来なくなることはあるかもしれません。けれど、きちんとまっすぐした仕事をしているのなら、それはそれで構いません。

ママは、何があっても、あなたたちや黒服を守ります。

あるお客さまが、女の子に「関係を持てないならばもう行かない」と言ったんです。女の子は、ホテルに連れ込まれそうになりながらも、お客さまを蹴飛ばして帰ってきました。

最初、そのお客さまがお店へいらしたときは、相談を受けました。ママは、「何事もなかったようにしていなさい」と言いました。そのあと、その子は本当に一生懸命フォローして、いろんな努力をしました。当然ですよね、お客さまにも地位や立場があります。お客さまからしたら、負い目もあるし、格好悪い。何もなかったようにしてくれたほうが、ありがたいんじゃないかと思います。だけど、その子が普通にお席についているときに、ママが「シャンパン飲みましょう」と言うの。お客さまからしてみれば、ママはどこまで知っているんだろうと思うでしょうね。脅迫しているわけじゃないけれど、うちの女の子に怖い思いをさせたんだから、ちょっとお返しをしてもいいでしょう（笑）。

今ではその子のメインのお客さまです。

お客さまのステキな部分を見つける――№ 2 二十五年を支えた経営戦略

たとえ自分がタイプのお客さまでなくとも、「片想い中です」とウソでもいいから言ってみなさい。タイプの女の子から言われたわけでもないのに、お客さまは必ず意識してくれます。褒められて気分の悪い人はいないでしょう。

あなたたちだって、自分のタイプじゃないお客さまから「好きなんだよね」と言われて、「そう」とか思いながらも、何度も言われていたら悪い気はしないでしょう。それがいつの間にか別の女の子に乗り替えていたらムカッとしませんか。

ママは昔、ちょっと気難しいお客さまをずいぶんと狙いました。そういう方は、銀座ですごくやさしくされると「おまえしかいない」と思って通ってくださいます。

もともとママは、味のある顔の男性が好きなので、「すごくタイプの顔」と伝えても、お客さまは「そんなこと言われたことないよ」と言って、たいてい商売だと思われて、全然信じてもらえませんでした。けれど、それでも通ってきてくださいました。

とにかく、お客さまのことを褒めること。お客さまご自身が否定されても、「こんないい男なのに?」とちょっとオーバーに言ってみる。そのうち、「そんなにいい男って言ってくれるなら、半分ウソでもいいや」という気持ちになるものです。

あなたたちも服や髪型を褒めてもらったらやっぱりうれしいでしょう。お客さまにも同じようにしたらいいんです。顔や仕事のことばかりでなく、ネクタイのセンスを褒める。磨き上げた靴を履いている人なら「靴がピカピカな人は、下着もきれいだって言いますよね」とちゃかして言ってみる。

ママは口が悪いところもあるけれど、とにかく褒める。そこまで褒めるかと言われるくらいまで褒める。そうするとお客さまの目がハートになってくる。褒めることは、わたしたちの大切な仕事です。今さら、と思っても褒めることです。

あるお客さまがお連れさまを紹介してくださいました。「ママ、タイプ？」と聞かれたので、「すごくタイプ」と言いました。たとえ自分のタイプでなくてもそう答えるのが礼儀でもあります。さらに、「どこがタイプなの？」と聞かれたら、そのお客さまに対して自分が感じた印象をそのまま言えばいいんです。そうすると、相手もなんとなく信じてまたお店へ来てくださいます。

自分だけが特別なんだという気分を相手に与えることです。通ってくださっている大切なお客さまです。自分の時間を惜しまずに、相手を思い遣る仕事をしないとダメですよ。

寸止めの快感

ママは、「口説かれるとうれしいわ」と喜んで言います。この歳でふたりきりでお食事に行けたら、本当に大切なお客さまにしようと思いますし、自分の自信にもつながります。口説かれてうれしいと思えないホステスなら、ベルベには必要ありません。度胸をつけなきゃダメ。口説かれても、関係を持たなければいいだけです。寸止めの快感を味わったら、ホステスはもう辞められませんよ。

あるお客さまで、恋仲になってもいいかなと思っていた人がいました。その人と同伴前にカルティエで待ち合わせをして、「時計買って」と言ったら、そのお客さまがある時計を指差したんです。「うちの女の子がしてるのだからヤダ。それのダイヤ取り巻きがいい」と言いました。そうしたら、ちょっと考えてからお店へ入ったんですが、その時計はお取り置きの品で、今は取り扱いできませんと言われて、腕を組んで並木通りへ出ました。

「じゃあ、今度あったら買ってね。その代わり、わかってんでしょうね」

そうママが言ったら、三歩くらい歩いてから、そのお客さまが突然大笑いし出しました。

「ママ、それは男の言うセリフだよ。『ダイヤ取り巻きの時計を買ってあげるんだから、わかってるんだろうね』って。『今夜は一緒に帰んのよ』なんて、そんな珍しい話はないから、このネタ使わせてもらっていいですか」

「いいけど、どうせ使うなら、『某ママが』とかじゃなくて、ちゃんと『チャコママが言った』って言ってちょうだいよ」

ママは半分本気で、半分寸止めでした。のちに、「わたしのどこが好き?」と聞いたら、「寸止めする男らしいところ」と言うわけです。いまだに同伴しますけど、その人には色気がある。「わたし、いまだに関係を持ってもいいと思ってるんだ」と言うと、「僕も」とか言うわけです。もちろん冗談ですが。

みんなは寸止めまでの度胸がなさすぎるの。ひとりの女性として、女の心意気にホレさせることが大切なんです。女が度胸と迫力を身につければ、怖いものなんてありません。

あるママは、すごく上手だけれど、エグいので有名です。ちょっとでも自分のことを好きだと思ったら、「あら、あなた、わたしのこと好きなんでしょ」とどんどん仕かけていきます。同時期に四、五人のお客さまに、「ロマネも入れなきゃね」「お部屋もつくってくれなきゃね」とがんがん使わせるし、がんがん要求もする。ママが聞いていても、「これ、これ、これ。そこまで言うか」と思ったりもしますが、根性が入っているなと思う。体を使う人もいるけれども、色気というのはそれだけではありません。

究極は、ホレられてもうまくかわして、またホレさせて、またそれをうまくかわしながらお金を使ってもらうことです。何年も「ホレてる、ホレてる」と言われて、紆余曲折あって、もう勘弁してほしいと思うこともあるでしょう。お客さまの気持ちが下火になったと思ったら、またぐわぁっと復活したり、そういうことをうまく乗り越えながらお客さまのお相手をすることです。これが銀座のお金儲けです。わたしたちは疑似恋愛の場所にいるわけですから、そういうことを経験してこそ収入になるんです。一回体を許せば来るだろうなんて甘い考えを持っているなら今すぐ捨てなさい。男の人にはすぐバレます。

ママは、好きな人とだけ、そういう関係を持ってほしい。商売のために体の関係を持つ必要などありません。もしそういうことをするならば、とことんホレさせて、がんがんお金を使わせて、家でも建ててもらうつもりでやりなさい。中途半端なお金を積まれたくらいで体を許すなら、お金がなくても本当に好きな人としたほうが、精神衛生上まだいいとママは思っています。わたしたちの仕事は、体の関係を持つことではありません。お客さまが家で目を覚ましたときに、「今日もあの子に会いたいから、頑張って稼ごう」という気持ちにさせることが仕事です。

ここのところ立て続けに年配のお客さまにホレられた子がいます。ママのお客さまで、本当に最高にいいお客さまですけれど、すごいお触《さわ》りスト。度がすぎて困るほどのおじいちゃんです。「どうやってかわしたらいいんでしょう」と聞かれたから、笑ってごまかしなさいと言いました。度がすぎるとやはり閉口しますが、本当にたくさんお金を使ってくださるお客さまにホレられることは、それもやはり名誉なことです。

若い頃はママも触られました。でも堂々と触らせていると、そんなに触らなくなるものです。触られるのに慣れろとは言いません。けれど、どうせぎゅうっと触るんだから、胸を張って、「気が済んだ?」とシャキッとしていたほうが、相手もおもしろくなくなります。

明るい色気を使って、より多くのお客さまにホレてもらえるよう日々努力してください。

お客さまにかしずく

№ 2 二十五年を支えた経営戦略

先日、すっごいオラオラの会長のいる団体さんがみえました。

そういうお客さまがいらっしゃったときに、普通に「いらっしゃいませ、今日はどうのこうの」と言ってもムダです。とにかく入ってきたときから怒っているんですからね。

「早く水割り出せ、※○×△」

思わず口を押さえました。「はい、わかりました。ただ十数人分をいっぺんにつくるのは、好みもありますから、ちょっとお待ちくださいね」と抱き締めながら言うしかありません。

その場の対処の仕方は常に臨機応変にできるようになってほしいです。

以前もミーティングで言いましたが、ワインをバーンとこぼしてしまったら、すぐフロアに座って、「ごめんなさい」と言って靴を拭《ふ》きなさい。そうしたらたいがい誰も怒りません。お客さまが、もう落ち着いていても、ずうっと靴を磨くように触る。そうするとお客さまは、見下しているような気分になって、だんだん嫌だなと思うものです。「どうせかかっちゃったんだからクリーニングに出せばいいや」と思うものです。銀座で高いお金を使ってもらっているわたしたちが、どういうふうにお客さまに対処したらいいかという水商売のコツです。

黒服がたくさんいるのは、お客さまのかしずかれたい、ひざまずかれたいという密かな願望をかなえるためです。だから黒服の膝《ひざ》はテカテカなんです。ボーイさんであればあるほど、膝がテカテカ。よそのクラブもそうです。その理由がダウンサービスです。

粗相《そそう》をしたときにかしずくのは、ものすごく効果的です。

お客さまも、そういうときに、変に威張ったりはしません。そんな人間を蹴飛ばすようなお客さまはそうそういません。ですから、そういう場面に出会ったら、「ママが靴拭いてる」とボーッとしていないで、そこから何か盗み取って学んでほしい。

以前、人相の悪い方が来て、変な空気になっていたとき、ママが気学の話をしたら、「そうそう、そうそう!」と言ってとてもにこやかになりました。そうなったらこちらも、「もう、最初は怒ってるかと思った」「その笑顔がステキですね、ずっと笑っててください」と少し冗談を言えます。やはり銀座のプロは、どんなお客さまにも合わせて、場を読めるようでなければダメです。「よそのクラブのヘルプはすごくよく盛り上げてくれるから、気分がいいからよく行くんだよ」とお客さまから聞くと、すごくガッカリする。

高いお金を払って来ていただいているんです。「さすが銀座だな」というところを見せつけたいですよね。「なんだこれ、ほかの街と一緒じゃないか」なんて言われたときが一番寂しい。一流の場所、銀座で働いているという意識をもっとしっかり持ってください。

ときにお客さまをしかる

先日、女の子がお客さまに泣かされていました。

お客さまは、口説いても無理だとわかるといじめ始めます。「おまえなんか席につくな」「係りを変える」といろいろなことを言ってきます。それでもわたしたちホステスは、我慢強く、打たれ強くなければいけません。お金儲けは我慢代と頭に入れて、お客さまに何を言われてもにっこりとしていれば、そのうち言う気もなくなります。

口説きがキツくて、つらいときがあっても、やっぱりわたしたちは口説かれてナンボです。ママは、今の歳でも口説かれるとうれしくてたまりません。銀座に入ったとき、全然タイプじゃない人に口説かれても、「あぁ、これでわたしはちゃんと仕事ができる。きっと同伴もしてもらえる」と安心したものです。

みなさんは、口説かれて何を悩んでいるんでしょう。口説かれたことを喜んで、相手も楽しくさせてあげればいいじゃないですか。「深いつき合いをしてくれ」と言われたら、「そうですね、アハハ」と笑っていればいいんです。あまりに執拗《しつよう》なら、「まだあなたとはそうなりたくない」とはっきり言えばいい。それでもうお店に来ないというなら別にいいじゃないですか。「深い関係を持てないならば来ない」というお客さまなら、「ダサいわね」のひと言で終わりです。

とにかく、口説かれてうれしいと思う気持ちを持つ。

ただ、ときにズバッと物申す必要があるときもあります。

はっきり言ったがために、怒らせてしまってもう来ないかもしれないという一か八かのときもあります。それでも、人間の尊厳を傷つけられたとか、自分の一番最後のギリギリのプライドを踏みにじられたとか、娼婦扱いされたとか、ストーカーまがいのことをされたときには、ママのお客さまであろうが、ほかの係りのお客さまであろうが、ビシッと言っていただいて結構です。もしくはママか係りに相談する。お店のなかでの出来事ならば、泣く前に一度席を立って、スタッフに相談する。

言うべきときは、遠回しにではなく、はっきりとビシッと言ってください。

あるお客さまが、雇われママに、自分の誕生日に数十万円の服をねだったんです。ママは、「雇われママに数十万円もの服を買わせるのは常識の範囲外だ」とそのお客さまに文句を言いました。その方は偏屈だけれど、ママがビシッと言ったことを考えて、「最近店にも行かずに、ねだってばかりでごめんね」とちゃんとフォローもして、謝ってくれました。

何事にも常識というものがあります。

グレのチーママの頃は、ある大企業の社長に「君を係りにするよ」と言われて、お断りしたこともありました。断る理由を教えてほしいと言われて、はっきり答えました。

「大きな利益を上げている上場会社の社長なのに、ホステスをいじめるでしょう。顔がきれいじゃないとか、『君、君、乾杯したら飲んでもいいけど、そのグラス持って隣りに行きたまえ』とか恥ずかしいことを言う。申しわけないですけど、わたしにはフォローできません。だから係りにもなりたくありません」

「もうこれからそういうことはしない。今日から係りになってくれたら、なんでも好きなもの入れてあげるよ。『ルイ十三世』入れるから」

「じゃあなってあげるわ」

そういう仕事をしていました。

お客さまの代わりはいますけど、一緒に働いているみんなのことは、家族だと思っています。銀座のたいがいのママたちは、お客さまを取るのか、ホステスを取るのかと聞かれたら、お客さまを取るでしょう。たくさんお金を使ってくださるお客さまの意見であれば、たとえ間違っていても絶対にその意見を通して、あっさり女の子をクビにしたりします。

その考え方は理解できますが、それはママのやり方ではありません。

ママは、そのときは、わかってもらえなくても、ずっと一貫して正しいことを言っていれば、いつかはお客さまもわかってくれるという気持ちで、あえて厳しいほうをとる。正しいものはたいてい厳しい道やつまらない道で、その上お金も入ってこなかったりします。でも、そこであえて厳しい道を選べるようになってほしい。そうすれば最後には必ず自分の信じたところへたどり着けます。常に正しい道を選んでいれば、必ずチャンスがめぐってくることを信じてもらいたい。ママは常に正しいものを選びたいと思っています。

わたしたちの仕事は夢を売る仕事です。ウソをつかざるを得ないときがあります。ママもいっぱいウソをついているけれど、それはプライベートに限ってであって、人間性が歪《ゆが》むようなウソは絶対につきません。

銀座で働いていて、「彼氏はいるのか?」「はい、います」とは言えないでしょう。それはお客さまもわかっています。お客さまから口説かれて、お断りした結果、いじめられても我慢して乗り越えれば、お客さまは絶対わかってくれます。

口説かれて、お断りして、けれど一緒にごはんを食べに行ったりしているうちに、長年のボーイフレンドとガールフレンドのように、本当にいい関係になるお客さまは実際います。そこにたどり着くまでには、何度も波があるけれど、どんなにいじめられても、いつかわかってくれるとお客さまを信じましょう。

何を言われてもにこにこしていればいい。いじめられたらユーモアで切り返す。何度も何度もそうしていれば、「しょうがないな、こいつは。なんにもこたえないな」となります。

いじめられてエーンと泣くからおもしろがってまたいじめられるんです。お客さまがいじめるのは、あたりまえですよ。口説いてダメだったんだから、憎たらしいじゃないですか。

でも、どうしてもつらかったらスタッフに合図してママを呼びなさい。きちんといじめ返してあげるから（笑）。

財布を嗅《か》ぎわける

以前から言っていますが、お客さまのお連れの方をよく見ること。いいお客さまなのかどうか、また来てくださるのかどうか、その人のお財布の中身を一瞬で見破ることです。

あるイケイケのママは、知り合いにクラブの社長がいて、そのクラブのＶＩＰルームで友だちとたむろするんです。遠くからそこにいる人たちを見て、お金の臭いを感じたら、自分から近づいて名刺を出すという攻撃的なことをやっています。そこの社長と仲がいいから安心なんでしょうけど、ママはあまりお勧めできません。ただ、お客さまをつかもうとする攻撃的な行動は、見習ってほしい部分でもあります。

そこで知り合った方々は、銀座にはあまり来たことがなかったらしいのですが、それをきっかけに来てくださるようになって、しかもとてつもなくいいお客さまになったそうです。それは、そのママの工夫の結果です。どこに行くのも、ただ遊びに行くんじゃない。どんなことも利用して、お金の匂《にお》いを嗅ぎわけているわけです。

ベルベへいらしているお客さまも飲み方はいろいろあるでしょう？「回数来たいから、ママにシャンパン開けさせないで」とスタッフに耳打ちするお客さまもいる。一見豪華にやっているお客さまが実は無理をしていたり。

そういう情報は事前に教えてもらえれば、ママも対応の仕方があります。そういう意味でも情報交換はものすごく大事です。最悪なのは、無理して来させて、パッタリ来なくなるパターンです。

今は発想の転換が必要です。お客さまがよそを切って、ベルベ一本に絞ろうと思ったとき、初めて売上が上がります。そういう考え方をしていかなければもはや生き残れません。

「この人はひと月どのくらいのお小遣いで遣り繰りしているんだろう。会社ではどのくらい経費を使えるんだろう。経営者なら経費に税金がかかるだけで、いくらでもいいんだ」

お客さまをよく観察して、お話しして、自分の頭のなかで計算する。

毎日銀座に出て、毎日五十万円使う人もいるんです。そういう方が銀座でどういう飲み方をしているか、しっかり見極めるべきです。あるいは六本木でお金を使っている方々にとって銀座が一番の場所になるような工夫をする。さらには銀座ならベルベが一番と言われるような工夫をする。

結局、お客さまは楽しくなければ来ません。質がよくないと使ってくれません。会話の質の向上が、お客さまを獲得する第一歩につながります。どこのお店もなんらかの質の向上を目指していきます。ベルべでも気持ちを引き締めて頑張っていきましょう。

№ 3 顧客満足度

Dom Pierre PÉRIGNON
Champagne
Dom Pérignon
Réserve de l'Abbaye
Vintage
1988

モチベーションの維持と継続

緊張感と気遣い

わたしたちホステスは、常に緊張感がないといけません。

お客さまがタバコを出したとき、火をつけるのにモタモタしていたら、それは緊張感を持った仕事をしていない、相手を思い遣る気遣いもできていないということです。

ママはタバコの火をつけるのは誰よりも早いと自負しています。みんなで話をしていても、お客さまがタバコに手を伸ばす瞬間を見逃しません。お客さまがタバコをくわえてから、あわててライターを出すなんてこともない。

ひどい子は、あわててバックをゴソゴソしてライターを探す。そんなことをしていたら、お客さまも自分でつけるからいいよとおっしゃいます。一度だけならまだしも、それが二度、三度と続いたら、ごめんなさいと言ったところで、「なんて気がきかない店なんだろう。タバコの火もつけられないのか」「俺のことなんだと思ってるんだろう」となります。

それから、最近何回も目撃しますけれど、お客さまに「な?」と言われたときに、まったく違う方を向いている子がいます。ママは、本当にびっくりします。その場で帰ってもらいたくなります。お客さまは、「こいつはもういいや」となるのが当然です。

緊張感がなさすぎです。お客さまをなめてるの？　ただ座っていればいいと思っているのかしら。そういう心のない営業をするならクビにします。

お客さまがお話ししているときは、必ず耳を傾け、体を傾け、全身全霊で聞くの。その緊張感と気遣いが足りない子がたくさんいます。

お席によく呼ばれる子は、緊張感もあるし、気遣いを忘れません。お姉さんたちから仕事を盗むのも大切ですが、若い子からも学ぶべきところもいっぱいあります。わかっているのにやらない先輩よりも、昨日、今日入った素人みたいな女の子のほうが一生懸命やっていて、レベルが高い場面もあります。

いいですか、テーブルひとつひとつをなめてはいけません。お客さまの言葉を聞き逃してはダメ。お客さまは自分の話を聞いてほしい。わかってほしい。自慢したい。そのために高いお金を払ってくださるわけです。サービス業に携わっている以上、絶対にそれを忘れてはいけません。

ベルベは幸いいいお客さまばかりです。どちらかというといっぺんに使う派手なお客さまが多いけれど、そうでないお客さまも大事にしてほしい。よそのお席でシャンパンをバンバン開けていて、ワーワー、キャアキャアやっていると、「どうせ俺は素飲みだし」とふてくされてしまいます。特に隣りのお席で派手にやっているときは、あんまりギャアギャア騒がない。シャンパンを入れない主義だとおっしゃるお客さまは、ママはシャンパンを入れる席にしかつかないと思っているものです。そこでいきなりママがついたら、やっぱり喜んでくださいます。そして、必ず次回もいらしてくださいます。

黒服も同様、いろんな場面で細やかな神経を使ってほしい。お客さまによっては、「こんなに使ってんのになんでどこの席よりも女の子が少ないんだ」と怒ります。今はお客さまが少ない分、今まで以上にすべてのお客さまに気遣いができるときですよ。来てくださっただけでありがたいという気持ちを大切にする。お客さまは、気遣いされた分だけよく理解してくださいます。

たまにお席でひとりポツーンとなってしまっているお客さまがいます。昨日も、係りが忙しくて、黒服も早く女の子をつければいいものを、ママがパッと見ただけでも三十秒はひとりでした。みんなにはわからないかもしれませんけれど、お客さまにとって三十秒、一分は、とても長く感じるんです。周りはみんな楽しくやっているのに、自分はひとりポツンとしていて、それって格好悪いじゃないですか。ママはすっとお席へ行って、係りが来るまで水割りをつくってお話ししていました。

そういうことに気づく、気のきいた子がたまにいます。女の子がつかない間、隣りの席からちょっと声をかけたり、水割りをつくったりして、間をつなぐ。それだけでもお客さまは救われます。それをきっかけに声がかかったりするようにもなる。

メインのいっぱい使うお客さまは、チヤホヤされるのには慣れているからどうとも思いません。けれど、モテそうもなくて、端っこでポツンと飲んでいる平社員の人を大事にすることもひとつの手です。みなさん知っていると思いますが、昔カバン持ちで来ていた人が、今でも通ってくださっています。「ただのカバン持ちの僕に、ママがすごくやさしくしてくれたから、金儲けしたら最初にベルベに来ようと思ってた。当時すごく面倒見てくれて、安くもしてくれたし」と言って、シャンパンを入れてくださる。そして今ではいろんなお客さまを紹介してくれています。

人の立場に立って物事を考えられるかどうかです。常に緊張感を持って働いていれば、察知できます。そして感じ取ったものを気遣いで相手に伝える。

ママは、そういう小さなこともきちんと積み重ねてきたから自分のお店を持てて、維持できているのかもしれません。いろんなお客さまを見て、いろんな対応の方法、気遣いの方法を考えて、緊張感を持って営業をすることです。

色気も大切だけれど、緊張感を忘れず、気遣いを売れるホステスが、銀座の一流のプロです。

ぞっとする喜びを味わう

誰にでも苦手だなと思う人はいます。でも、それはみんなが苦手な人です。そういう人とともににこにこ笑いながら、一緒に時間を過ごせるホステスがプロです。楽しいお席は、みんなが楽しい。いい男で楽しい人は、どこのクラブへ行っても誰にでも人気があります。そういう人は、いい女がいて、しかも倍率が高い。誰にでも好かれる人に「君のこと気に入ったよ」と言われる確率はそうそうありません。ただ単に自分が気に入って、そのお席で楽しんでいることは、仕事をしているとは言えません。

わたしたちの仕事はどんなお客さまにも気に入られることです。苦手な人についてごらんなさい。倍率は低い。だから当たる。苦手な人に、「あいつだったら呼んでもいいよ」とお席に呼んでもらえるようになるのがプロの仕事です。

ママは、そういう人もたくさん相手にしてきました。自分が「イヤだな」と思う人は、ほかのホステスもたいてい近寄ろうとしません。

でもね、自分が行けば必ず席につくし、何を言ってもにこにこしている、こいつは打たれ強いなとお客さまが思ったときに、「ありがとう」と言われると、背筋がぞっとするくらいの喜びを感じるものです。口の悪い人には、柳のようににこにこしていればいいんです。お客さまもずっと黙って聞いてもらっていれば、ストレス発散できて、そんな長い時間いじめていられません。

みんなは顔に出したり席を立ったりするでしょう。それではまだまだ弱いホステスです。ボロカスに言われても、「あいつ、外してくれ」と言われるまでにこにこしていればいいんです。それができればお客さまになんと言われようが、ママは一流のホステスだと認めます。

先日いらしたお客さまは、機嫌がよくありませんでした。年商数百億円のいいお客さまですが、すごく偉そうにしていて、ママもそのときはあまりいい感情を持てませんでした。けれどママは一流のホステスでありたいので、いろんな話を小出しにしてお客さまの食いつきを観察していました。運気の話になったとき、お連れさまが「ママが勉強している気学は当たるよ」とフォローしてくださいました。そのお客さまも乗ってきて、急に顔つきも態度も変わって、いろんなことをママに聞いてきました。

機嫌のよくなかったお客さまが、「よかった」とほっとしたその笑顔を見せた瞬間、ここだなと思って、「今度、同伴しませんか」と話を持っていったら、すんなり「いいよ」とすぐに決まりました。

どの場面にもタイミングがあります。最初に会ったときに、嫌だな、苦手だなと思っても、そのお客さまのツボを見極める。その人が嫌だなと思う会話は顔を見てわかるようにならなければいけません。ツボがわかったら、懐にふっと入る。

楽だからといって、いつも同じ人とばかり話していてはダメですよ。銀座で伸びる子は、会話のセンスがあって、察しがいい子です。いろんな話題を出して、それを振って食いついてきたときに、懐にふっと入り込むんです。

見返りを求めず、まず与える

辞めた女の子の係りのお客さまを誰が呼びましたか？　ママが直接お客さまに電話をすれば、お客さまのほうも「どうしたの？」と連絡をくださいます。でも、そうしてしまったら、辞めた女の子が係りだったお客さまは全部ママの係りになってしまいますよ。

第一ヘルプでついて、アフターも必ず行って頑張ってきたならば、自分に権利があると思ってまずは同伴する。自分を係りにどうかアピールしてみる。

その作業をするのに時間をおいてはダメなんです。お客さまはすぐに忘れてしまいます。テンポよくお店へいらしているうちにパッパパッパッと声をかけないと、すぐに足が遠のいてしまいます。お客さまがよそのお店のホステスに、「係りが辞めたからベルべを切って、おまえのところに行くよ」と言う前に、行動を起こさなければいけません。

多少お金を使うことも大事です。苦しいときに高い贈り物をして、「行かなきゃいけないな」と思わせる。

まずは自分から与えることです。自分の生活を多少我慢してでも、そこにお金を使うのはとても大事です。まず与えて、それからいただきなさい。もらってからあげるのでは遅いんです。

ママは四億六千万円でこのお店を買ったとき、借金があってドレスも買えませんでした。けれど、いくら借金があるとはいえ、女の子たちに新調しなさいとさんざんお説教をして、自分が新調しなかったら、それはおかしいでしょ。ですから、いろんなお客さまに毎月同伴のときに買っていただいていました。

ママは色気でお客さまにドレスを買っていただいたのではありません。いろんな工夫をしながら、お客さまからの信頼を得ていたからこそできたことでした。お客さまのお誕生日のときには、きちんとお返しをする。百万円のドレスを買ってもらうのに、一万円のマフラーじゃ、それはないでしょ。自分のお財布、相手のお財布、その割合を考える。なんでもかんでも、してもらうだけの人は飽きられます。そういう経験も踏まえて、ママは、自分がしてもらう前に、自分のほうからしなさいと言っているんです。

お金のかからない真心のこもった贈り物だって、考えればいくらでもあります。なんでも真心を込めて行動していれば、お客さまはわかってくださいます。お客さまの足が遠のかないような、がっかりさせないような贈り物を自分なりに考えてほしい。

つい先日、ほかのクラブに仕事のできる子が何人かいたので、電話やメールをしてみましたが、長い返事がきました。

「昼間の資格でも取って、もう一回考えてみようと思います」と。

今は、昼間の世界にしても同じように景気が悪い。今までこの世界にいて、貯金があるならできるかもしれません。でも、これから資格を取って、昼間の仕事をやるといっても、今この景気の悪い銀座で頑張れないなら、昼間の世界でも踏ん張りがきかないんじゃないかなと思ってしまいます。

風邪がまた流行り出しそうです。咳《せき》が出るようなら思い切って休んでください。みんなにうつって全滅するほうが怖い。喉《のど》がおかしいと思ったら一日何回でもうがいをする。そうすると熱は出ずに済むことが多い。そして、ビタミンCを取って、早めに休むとか、自分に合う方法を見つけておくことです。

体が何より一番大事です。健康管理には気を配って、人には絶対うつさないこと。多少具合が悪いくらいなら、ちゃんとした食事をして、薬を飲めば、たった四時間ですから早く出て、アフターに行かずに帰る。

お客さまからもらう風邪はまだ仕方ありませんけれど、こちらからあげてはいけません。

ママは六年間で二日しか休んだことがありませんでした。怠け心を出さなければ、みんなにもできるはずです。いつも言っていますけれど、まっすぐ生きてほしい。

お客さまが一本入れてくださったら、「ありがとうございます、感謝しています」と素直な気持ちで感謝の言葉を告げること。高いワインを一本入れてくださったら、次にいらしたときに、「この間のワインのお返し」と小さなプレゼントをする。毎回でなくてもいいんです。いつでもしていただいたことに対する感謝の気持ち、お返しの気持ちを忘れずに仕事をしてほしい。

みんなには、与えることから始める人間になっていただきたい。相手からもらうことばかりを考えていては、絶対に飽きられてしまいますからね。感謝の気持ちがあるのかないのかは、長年いるお客さまは敏感に嗅ぎわけます。

お客さまのホレる気持ちは、そうそう何年も続きません。ホレてるけどあきらめた。でも、やっぱりきちんとしているから、またホレる。まっすぐ生きていなければ、そういうことの繰り返しもできません。お客さまにずっとずっと応援していただけるようなホステスを目指して頑張りましょう。

仕事は貪欲に、お金には淡白に

№3 顧客満足度

一月度の売上は、銀座全体が悪いです。銀座のクラブも自然淘汰されています。月曜日は銀座全体が特に暇です。それが昨日は、うちだけ混んでいて、上から来たエレベーターはガラ空き状態でした。月曜日から混むと、やる気もまた出ます。

昨日はシャンパンのフェアがあったので、みんなたくさん飲みました。そのシャンパンの会社からも「ベルベさんがフェアで一番売ってくれた」と言われました。グレのチーママのときにもいろんなフェアをやりました。いつ、どんなときでも、ママは一番になろうと思って、すべてにおいて貪欲に頑張ってきました。その一生懸命さほどの力をみなさんが最大限に出しているのかどうかです。

ママもたまに失敗します。ヘルプするつもりでお席についても、結果的に足をひっぱってしまうこともあります。「ママが座ったから、シャンパンお願いね」と言っても、お客さまは、かげでぶつぶつ言っていたり、よかれと思ってしたことが逆に足をひっぱっていたり。

そういうときは、たとえママでも、黒服でも、「この間、ちょっと強引すぎてふくれてるんです」と遠慮なく言ってください。そうすればママもきちんとフォローができます。「ママがこう言ったからイヤなんだ」と言われたら、どしどし言ってください。ママはそれをはねのけるいろんな方法を持っています。女の子たちもお互いに、「この間のひと言ですごく怒ってるのよ」と情報交換をするべきです。仕事は貪欲にすること。なあなあなままで終わらせない。

昔いたミドリママは、夕方四時にはすべての支度を終えて、いつも着物を着てお店にいました。お店に来る前にもお客さまへ電話をしているんですが、お店へ来てからもお客さまに電話をしていたそうです。まず銀座に来て支度をする。同伴がないときは、四時には必ずここから電話をして、「じゃあ、同伴しましょう」と約束を取りつける。彼女はほとんど毎日同伴でした。支度をしてここに四時にいるということは、朝までアフターに行っていても、お昼過ぎからは準備をしているわけです。ママが係りを譲ったお客さまの売上もどんどん伸ばしてくれて、毎日のように来てくれるお客さまもいました。有名な俳優さんも週に三回はいらしてました。お店から係りをあげても、儲けを出してくれる。あるとき彼女が言いました。「先にお店を儲けさせなきゃいけない。係りをいただいたら、もっともっと呼ばなきゃいけない。仕事は貪欲にしなきゃ」

そうです。仕事は貪欲にしていいんです。そして、お金には淡白でいる。目の奥に、金、金、金ではお客さまにもすぐバレてしまうし、ガツガツしていると顔に出ます。まずは仕事を追う。お金はあとからついてきます。

ある団体でいらっしゃるお客さまたちは、なぜか座ると一万円くださいます。ですからママは、黒服に「同じ子はつけないでちょうだい」と言っています。パブロフの犬じゃないけれども、「座れば一万円、座れば一万円」となったらおしまいです。

お客さまの気持ちはうれしいですけど、それがあたりまえになったら女の子が腐る。女の子が浅ましくなるんです。ママは女の子が浅ましくなるのが嫌なの。それって二流、三流ですよ。お金で浅ましくなるのが一番耐えられない。誰だってお金はほしい。でも、お金ほしさに浅ましくなったら本当に汚くなる。体の水が腐るんです。

悪い時期は人より努力をして、自分磨きに時間を割きましょう。今までより一時間でも早く起きる。午前中から起きて、メールや電話をしている子は「早いね」「いつ電話しても出るね」と言われます。努力をする時間は、夜の仕事をしている時間よりも長いものです。

ミドリママもそうでした。どんなに朝まで飲んでいても、昼間の人に負けないように、午前中から起きて頑張っていました。だから結果がついてきた。ミドリママには、水商売が午後や夕方まで寝ている仕事だという感覚が一切ありませんでした。そういう考え方ができる人は、根性が違うなと思います。自分から積極的に働きかけることで、銀座でも有名なママになって、売上も上がって、幸せな結婚もできたとてもいい例です。みなさんも午前中に起きて、昼間の人と同じ感覚でいられるようになってほしい。その感覚を持てる子は銀座に名を残しますよ。

今日、明日の仕事はしない

ママが譲ったお客さまを呼べない人は、チャンスを生かせない人です。それは先々の仕事にも関わってきます。ひとりひとりの同伴回数が少なすぎます。一週間に一度も同伴していない子がたくさんいすぎて、堂々と「一生懸命連絡してるんですけど」と言う。びっくりします。週に一度も同伴できないその努力は、果たしてどんな努力なんでしょう。

ママは二十八歳で銀座に入ってからは、ほとんど毎日同伴していました。お客さまから「今度、ごはんでも食べよう」と言われれば、「いつにしますか?」とその場で手帳を開いていました。今ベルベに二十八歳より若い子はいっぱいいるんです。話がはずんだときになぜ「今度同伴してください」と言えないのか不思議です。みんなの口から同伴という言葉がまったく出てこない。みんな遠慮しすぎです。

ママは、今のところ三日連チャンで同伴しています。来週も月曜日から麻雀同伴を入れて、ほかにもどんどん入れています。あまり体調もよくないので、休むときは休ませていただきますが、その分出勤するときには同伴しなければならないという気持ちがしみついています。

売上のある子ない子にかかわらず、月十数回は同伴するべきです。

売上の子がヘルプの子に同伴を頼ってどうするんですか。「女の子に同伴つけてあげました」と偉そうなことを言うなら、自分は自分できっちり同伴を取りなさい。わたしのものをあげたから、自分のものがなくなっちゃったなんて、そんななめた仕事はしないでほしい。自分が勝ち取った同伴は自分で取りなさい。お客さまに「もうひとり連れて来て」と言われたときに、お客さまが気に入っている女の子を連れて行く。助け合うのもいいけれど、まずは自分が余裕を持った同伴回数を持つことです。

同伴のない日には、早い時間から銀座に出ておく。ばったりお客さまと会うこともあります。実際、ママが同伴の待ち合わせに四十分くらい早く着いて、ラウンジでお茶を飲んでいたんです。そうしたらその相手の方も早くいらして、「女の子連れて来なかったのか？」と聞かれたんです。そのときにたまたまそこを通りかかったよそのお店の女の子に「おまえ、同伴ないのか？」「ありません」「じゃあ、そのままおいで」と言って、ママと一緒に同伴です。でもその子は頭をアップにしているのにジーパンという奇妙な格好でした。けれど、それもありなんです。

不思議な同伴といえばほかにもあります。同伴をママの家でしたいと言うんです。うちは、お手伝いさんもいるし、当時は住み込みの女の子もいたので、「いいわよ」と言ったら、もうひとつ注文がありました。「お手伝いさんがつくるのもいいけど、何かひとつママの手料理をつくってほしい」と言うんです。そして、うちで食事をしたあとは、美容室に一緒に行って、その人も頭を洗ってもらって、ママがセットして、お化粧するまで待っていてくれて、美容室代を払ってくれたんです。

パーフェクト同伴をする気なら、来月に向けて今月のうちからどんどん仕込むことです。この人がダメなときには、この人と目星をつけて先々を読んで行動する。同伴は、突然入ってくるものではありません。前もって仕込んだ結果なだけです。今日、明日の同伴のために、あわてて電話をしても難しいのはあたりまえのことです。仕事というのは、半月後、一カ月後、三カ月後を見据えてすることです。

ママは以前にパーフェクト同伴のお手本を見せてあげようと思って、残り二日を残して腸閉塞で入院したことがあります。毎日同伴すると腸が弱るのも仕方がありません。でも、今でも前もって仕込めば、パーフェクト同伴もできる自信があります。

ただ、やっぱり最近は、同伴してくださる方が本当に少なくなりました。その理由が、仕事が忙しいからではなくて、お金がもったいないからのようです。おいしいものを食べに行って数十万円使って、そのあとお店でも使うことになりますからね。確かに金額の桁が違う人はいらっしゃいますけれど、同伴をするとお金はかかります。

けれどママの今までの銀座生活でそういう理由のお断りは考えられないことでした。今はお客さまもそれくらい緊迫した状態ということです。ですから、女の子たちに「なんで同伴できないの」とは言うけれど、事情はよくわかります。怠けているわけではないとも思っています。けれど、今までの十倍の努力をしているわけでもないと思います。

学生のふたりが一緒に新しいお客さまを同伴してきました。昼間大学へ行って、論文も書いて、就職活動もして、それでも同伴してくるわけです。

じゃあ、あなたたちは何？

朝までのアフターの日もあるかもしれないけれど、仕事は夜だけでしょう。メールや電話はしているんでしょうけれど、夕方まで寝ている子もいます。努力はその日のうちにすぐ実るわけではありません。だからといってそこであきらめたらおしまいです。

高いお金をもらっているのに、同伴はできない、お客さまが来る予定も取りつけられないままに、空手でお店に来るのかと。

「どうすれば同伴できるんですか」と聞く前に、同伴している人の様子を見て、自分に必要なものは何で、何が足りないのかをまず考えてみることも大切です。

「お食事しましょう」なんて言えば、「じゃあ土日でいいじゃないか」と言われるでしょう。

きちんと「同伴してください」と言わなければダメです。同伴ノルマが女の子にあるのは、お客さまもわかっています。

新人の子は、「入ったばかりで同伴できないんです。だから同伴してください」と素直に言う。もしかしたら、「週に一回はノルマでやってあげるよ」と言ってくださるお客さまがいるかもしれないんです。若さもまた武器にしてください。「同伴してください」とストレートに言う。電話やメールを頻繁にして、「おまえは人の顔見たら同伴、同伴言うんだから」と言われるくらいのことを一度は経験してみなさい。

とにかく、楽しく仕事をしましょう。悲惨な仕事はやめましょう。ノルマ達成できない、罰金を引かれちゃう……そんなことでは、お金がなくなっていくことばかりに気を取られて、余計にいい仕事ができなくなります。

でも、ママはノルマをつくって、それを達成してもらわなければお店の運営ができない。これからさらにノルマをきつくすると思います。そういうときに暗い顔をしないでいてほしい。お客さまには楽しく盛り上がってもらってから帰ってもらう。

ホステスになる前、ＯＬをしていたときや学生時代は、少ないお小遣いのなかで遣り繰りをしていたでしょう。銀座に入って贅沢《ぜいたく》を覚えて、月数十万円はないとダメだなんて思うようになって。この間、ヘルプの女の子に、「月にいくらもらったら生活できる？」と聞いたら、「五十万円」ですって。大笑いですよ。毎月五十万円の生活費をくれる男性が今どこにいますか。そういう考えの自分から変えることです。そこから初めていい循環が生まれるんじゃないかな。

一流の場所で一流を知る

排泄物すら美しく

№3 顧客満足度

トイレから出てきたお客さまに、「今、トイレ誰が入った？」と聞かれるたびにドキッとします。お客さまは、酔っ払って女性のトイレに入ることがあります。

そのときにトイレが汚いと百年の恋も冷めます。

用を足したあとは、トイレットペーパーで便座を二度拭きして、便器の周りも拭いて、ホルダーのペーパーを折る。このくらいキチッとしてトイレを出ること。

お客さまは、トイレのきれい、汚いにはすごく敏感です。

この間、ママが入ったあとのトイレを見てみなさいとスタッフに言いました。スタッフが悪いわけではありませんけれど、こうやって女の子を教育しなさいと言いました。

日本の大手航空会社のファーストクラスに乗ると、使ったあとに洗面台を拭いてくださいと書いてあります。手を洗ったらペーパータオルで拭いて、次の人が使うときには水滴がついていません。一流とはそういうものです。

トイレに入って出てきたときに、ビチャビチャで毛がついている場合もある。血がポトンなんて最悪、最低です。お客さまが入ったあと、オシッコでビチャビチャになっているときは、這いつくばってもきちんと拭くこと。ママも這いつくばってトイレットペーパーで拭いています。それを流して、手を洗う。手を拭いた紙でシンクの周りを拭く。最後に便座をあげてその裏を拭く。トイレを出るときには、うしろを振り返って大丈夫かな、臭いもないかなと確認をする。これが一流の女です。

間違っても女の子たちが男性トイレに入って、オシボリでそこらへんを拭いたりしていませんよね。ベルベはお客さまのために、手洗いでオシボリを置いています。そういった一流の心遣いを理解できずに、オシボリで拭いていたら三流以下の女です。

売上のあるなしよりも、そういうところを大切にしてほしい。そういう子は必ず将来があります。目先の数字は考えないでよろしい。数字ばかりガツガツ追いかけていると、顔にえげつない色が出てくるものです。トイレの汚い女は、絶対サゲマン。売上なんて上がりません。

家では汚くてもみんなの前ではきれいにする。そこから始めれば家もきれいになります。ある男性は、彼女の家に行ったら便器にウ〇チがこびりついていたので、一回限りで別れたと言っていました。

すべてにおいて一流であれば、私生活でもいい男がつきます。一流の人の真似をしながら一流を覚えていく。それが最終的には数字にもつながっていくものです。「やっぱりベルベは違うな」と思われるようになるには、ひとりひとりの意識が大切です。

最高の味を知る

三連休、地方に呼ばれて出張してきました。三連休の二日目と三日目は神戸に行ってきました。その神戸で知り合ったお客さまが、今日、大勢でベルベへ来てくださいます。関西では、京都の芸者さんも来ていて、みんな一生懸命でした。すべてに一体感があって、とても楽しかった。その方々が大勢で来てくださいます。「わざわざ遠くまで来てくださってありがとうございます」という気持ちを持って接してほしいです。その土地その土地の名士の方々です。そのお連れの方たちもいいお客さまですから、たくさんの方と知り合うチャンスです。

休日返上で攻撃をしなければならないときです。休まないと体の疲れが取れないという気持ちはよくわかります。ただ、どこかへ出向いてマイナスになることはありません。行けば必ずその土地の名士の方たちを紹介してくださるものです。

ママや係りの女性が声をかけたときは、積極的に出かけて、新しいお客さまと知り合うことが大切です。現存のお客さまも大切ですけれど、会社が傾いてきたり、亡くなったりで、どんどん減っていきます。ママは、これからの若い人に働きかけて、また来ていただいて、ベルベの誰かを気に入ってもらいたい。そして、その枝葉をさらに広げていきたい。そうしなければ銀座のクラブは成り立たないんです。

係りのお客さまが地方の方で、「おいでよ」と声をかけられたときは、誰かと一緒に行ってみることです。なかには「普通の日に一日休んでおいで」と言う方もいらっしゃいます。そういうときは、三人も四人も連れて行ったらいけませんよ。そして、係りは、そのことをきちんとお店に報告すること。

新しいお客さまの幅を広げるためには、やっぱりいろんなところへ行くべきです。

地方のクラブは土曜日もやっているので、できれば土日に行くのが理想です。銀座から女性が来た、銀座からママが来たというと、やっぱり喜びます。ベルベは雑誌など露出度が高いので、ベルベの人というだけで、地方の人は注目します。ぜひ、きちんとセットをして、銀座の女は違うと思わせるだけのアピールをしてほしいと思います。


以前神戸へ行ったときに、甲子園の近くにあるフグ屋さんへ連れて行ってもらいました。東京にはないスタイルのお店で、とても有名で、ものすごく手の込んだフグの会席料理店です。一流どころを知っているだけで「やっぱり君はちょっと違うね」と言われるものです。

また、一日ひと組限定で、どんな注文にも応えてくださるお店にも行きました。そのときは、最高級の神戸牛と丹波のマツタケ、このふたつだけのすき焼きでした。

ママは昔、ある社長に四谷にあった和食料理屋さんに連れて行っていただいたことがあります。そこも一日ひと組しか取らないお店でした。おばあさんと作務衣を着た女性のお運びさんのふたりでやっていて、何時からでもいいんです。その日のひと組のためだけに、すべてのわがままを聞いてくれて、食べたいものを言うと、それでコースをつくってくださる。

東京の一流のお料理屋の旦那さんでも、「え？　あそこに行ったことがあるの」と驚きます。そのお店はもうなくなってしまいましたけれど、神戸のお店も同じようなところで、そのお店に行くということは、名士の印です。お金さえ払えば誰でも入れるというお店ではありません。

世のなかには、お金を出せば入れるお店はいくらでもあります。並木通りにある中華料理屋もそうですね。この間、お客さまに連れて行っていただいて、六人で八十万円。アワビひとつが十四万円。そういうものを誰にごちそうしていただけるかですね。食べものに対してそんなに……とも思いますよね。ましてや人に振舞うなんて。ただ、銀座の一流ホステスは、そういうお店には行けるんです。いいものを知るチャンスは転がっています。

川崎にも一日ひと組の中華料理屋があります。このお店の常連になるには、誰かの連れで行って、「この人だったらいいですよ」という面接のようなものがあります。ママは、長年かけてやっと顔になりました。いいお客さまと何度も行って、今では「ママならいいですよ」

と言ってくれるようになりました。

つまり、この川崎のお店も、神戸のお店も、四谷のお店も、人間性はもちろん、お行儀、知識など、いろんな角度から観察されて、お店に判断されます。いくらお金を出しても入れない人は入れません。お客さまによっては、こういうお店へ連れて行ってくださいます。それで、「この間、○○のお店へ行ったの」と、さりげなく言うと、「○○に行ったの？ さすがだねぇ」という会話が生まれます。お金さえあれば一流だと思うのは、まだまだ未熟です。

ママの好きな原宿のお店もいっぺんでは入れません。現金、カードを受けつけないで、「お回しで」と言うんです。つまり、あとから請求書を送るということです。

「お回しで」というのが一番わかりやすいのは、お座敷ですね。京都も新橋もお座敷があります。そういうところは芸者衆がついて、お花代がつきます。あとからお花代がくるので、請求書が届くのは随分遅いんです。その名刺の住所へ請求書を送られて、初めてお客さまになれるんです。ですから紹介者が必要です。紹介者がいても、「あの人はちょっと変な人だから、やめてください」と言われれば、もう行けません。

本当に一流の人しか入れない。つまり、そのお店へ行けることがステイタスになるんです。あるママから電話があって、「一度連れて行ってもらったお店へ行きたいんだけど、『ベルベのママからお電話をいただけたら結構ですよ』と言われたの」と言うんです。そのママが、

「一度伺ってるんですが」と言ってもノーなの。要するに、ママが電話を入れておけば、お金を取りはぐれたときに、責任はすべてこちらにくるというわけです。

昔、不動産屋の方が外国の方を接待したいと言って、お座敷のあるお店にお願いしたことがあります。外国の方を含めた十名のお客さまに、十人の芸者さんを呼んで、どんちゃん騒ぎをして、百五十万円。ところがその不動産屋が潰れてしまって、その支払いは、全部ママが持つことになったんです。

お金を払えるか払えないかだけでなく、変な人が来てお店を荒らされたくもない。それを守り続けることも一流なんです。

有楽町にあるパリで名門のお店も、簡単に行けるようなところではありません。ならば同伴で連れて行ってもらう。店前同伴だけでは女が上がりません。一流のところへ連れて行っていただくことが、一流の同伴であり、一流のホステスです。

ママは同伴のためにわざわざ遠くまで行って、食事をして、銀座に出ることもあります。自分の時間を惜しまないでほしい。ママは一流を知るためなら、何時からでも出かけるし、土日を返上するときもあります。その気持ちがないと一流のホステスにはなれません。

一流の話し方

お客さまには、それぞれ好みのタイプがあります。おとなしくて「はい、はい」と言っている女の子がいい人、女の子がずうっとしゃべっているほうがいい人、いろいろです。けれど、お客さまが話すときに全部を聞かないでかぶせるように話すことは、絶対にいけません。そういう話し方に対して、お客さまは「感じが悪い」と必ず言うか、思います。

お客さまは、起承転結で話をしたいんです。そして、最後の「結」の部分を一番話したいのに、起、承、転まできて、結を言ってしまうホステスがいっぱいいます。

こういうホステスは、二流、三流。きちんと話を聞きもしないで、途中からバタバタとたたみかけておきながら、全然違った取り方をしていた場合、「この女、頭悪いな」としか思われません。お客さまのなかには、二度見までする方もいらっしゃいます。

ベルベを辞めた子にもいました。いくら注意してもなかなか直らない。自分が話し出してしまう。次の展開へ持っていこうとしてしまう。

これはね、ひどい三流ホステスです。

銀座の一流のホステスは、お客さまが話す物語の起承転結をきちんと理解して、相手が何を言いたいのかを読みながら、きちんとした相槌《あいづち》を打てるかどうかです。

話と話の間には、「間」というものがあるんです。その間の使い方がうまいかどうかで相手が持つ印象もガラリと変わります。

水割りを一杯飲んだとき、間ができます。そのときに、「そういえば、あんなこともありましたものね」と言葉少なに話題を振って、「そうなんだよ」とお客さまが話したいと思っていることを話せるように、こちらから提案する。それがプロのホステスです。そういうホステスは、話をしていても気持ちがいい。だからいろんなお席に呼ばれます。

ママも一方的にダダダダッと話す場面もあります。ただ、ママは必ずひとりひとり相手を見ていることを覚えておいてほしい。お客さまの話をちゃんと聞いて、その言葉を拾って、褒めて、褒めて、そこから起承転結につながるようにお客さまに話していただく。お客さまが話す話題がなくなったときに、初めて自分のポケットから、そのお客さまに合った話をするのが本当の一流です。

お客さまが話している最中に話題を持っていって、話をかぶせて、その上知らんぷりして捨ててしまう。これは本当の最低ホステスです。最後まで自分がベラベラ、ベラベラしゃべるくらいなら、あなたたちが自分でお金を払いなさい。

お客さまは、聞いてもらいたい、自分が話したい、そういう思いで来ているんです。

まず、我を捨てなさい。我を捨てなければ、お客さまはあなたたちの話も聞きません。そういうことを自分自身に覚え込ませて、話し出すときには、一度深呼吸をしてからお客さまと向かい合いなさい。

ほかの人の話の間を見て、「この人はうまいなぁ」と思ったら、そこからきちんと学ぶこと。座ってボーッとしているだけでは、何も変わりません。

会話に間ができたときに、上手にお話しをするには、やはりお勉強が大切です。お勉強をしていると自然と話せることがたくさん出てきます。色気を求めるお客さまもいらっしゃいますけれど、今は色気よりも、色気を含めた一流を求めています。接待で来たときに一流の会話ができる店を求めています。

そういう意味でも、常に一〇〇パーセントでお客さまと向き合って仕事をしてほしい。「いらっしゃいませ」と聞こえると、自分のお客さまがいらしたわけでもないのに振り返ってキョロキョロする子がいます。今いるお席のお客さまの話が、佳境に差しかかっているときに、そんなことをしていたら、「この子、外してくれ」と言われます。いつだって集中していないといけません。

もし、いらしたのが自分のお客さまでも、黒服が呼びに来るまでは振り向かなくてよろしい。今いる場にだけ集中する。その代わり、呼ばれたときにはすぐ立てるように、会話の上手な切り上げ方も覚えておかなければいけません。これも実力のうちです。

「ちょっと待ってて」なんて偉そうに言われたら、お客さまはもう二度と呼んでくれません。ママはヘルプの子に、「～で、こんなふうにするんですって、すごいわね。ママ、呼ばれちゃったから、あとで話の続き教えてね」と言って席を立ちます。すぐ立てるように会話の核はきちんとつかんで話を聞いているので、ママは五秒で立てと言われたら立てます。

かなり年配のお客さまがいらしたときには、「わたしのパパなのよ」なんてジョークを言えば、「ええっ?」とみんながそっちをちょっと見て、話が中断するでしょ。その間ですっと立って、「冗談よ。その話の続きはあとでね」とユーモアを交えてタイミングをつくる。

わたしたちは、そういうテクニックにプロであるべきじゃないですか。わあっと盛り上げるだけ盛り上げて、「ごめんね。行ってくる」では、自分がそのお席を立ったあとのことをまったく考えていないのと同じです。


あるお客さまが、「声のトーンは大切だよね。高い低いじゃなくて声のトーン。大きさとかが心地いいんだよね」と言っていたことがあります。

みなさんも自分の話し方や声の質を少し研究してみること。自分の声が高いとか、酔うと声が大きくなってしまう子は、少し気にしておく。仕方のないことだからかわいそうですけど、甲高い声の子は、結局、カンに触るんです。酔って「キャーッ」なんて言うと、すごくうるさい。隣りのお客さまからは、「あのホステス、いっつもうるせえんだよ」と言われてしまいます。

ママは、煙草焼け、お酒焼けで声が低いから、男の人はあまり違和感なく受け入れてくださいますが、店内では、隣りにいようが、斜め前にいようが「誰だ、あのうるさいのは」「誰だ、あの下品な話してんのは」と丸聞こえですから、どこのお席にいても恥ずかしくない話、態度でお仕事をしてください。

それから、ストレスの鬱憤《うっぷん》晴らしで騒いでいるお客さまもいらっしゃいます。もともと飲み方がうるさい方の場合、「ぎゃあー」「うわー」と叫んでいます。そういうときは、ママも笑いながら少し遠い席から、「うるさーい」とか言う。そうすると、みんなで笑っちゃって、そのお客さまはそう言われてまた楽しくなって、「ぎゃあー」と騒ぐ。だから、「う、る、さーいっ！　あなたひとりの席じゃないんだから」なんて言うと、こちらにいるお客さまも笑い出してしまう。そういう対処の仕方のほうがおもしろいじゃない。

静かに近寄って行って、「お静かに」なんて言うより、遠くのほうから「うるさいよー！」なんて言っているほうが。

やっぱり仕事も何も楽しくやらないとね。

磨き磨かれ最上を知る

ママがお席で「おいしいお店を見つけたから、ごはん食べに行きましょうよ」と言えば、お客さまはママに電話をかけてきて、「ママ、銀座で和食のおいしいお店知らない？」「六本木で知らない？」「イタリアンはどこがいい？」と情報を聞いていきます。

あなたたちも同伴するときに、「どこに行きたい？」と聞かれたら、「有名な○○店に一度行ってみたいの」と言えるくらいの知識や情報を常に持っておくことです。

お客さまは、ご自身が行ったことがないお店ならば、下調べに行ってくださるものです。あなたたちも、一度でも行ったことのあるお店であれば、ほかのお客さまと行くときには、今度は自分がリードして差し上げられるわけです。お店によっては、誰かの紹介がないと入れません。

そういうお店にお客さまを連れて行くと、お客さまご自身が、そういう人が集まる場所に仲間入りできたのかなと思うし、銀座の女性が教えてくれるお店はさすがだなと思います。そういうことができるようになると、「今度は、イタリアンに行こう」「フレンチに行こう」とお客さまからお誘いを受けるようになります。

ママも最初の頃は、「〇〇に憧れてるんだけど、一度も連れて行ってもらってない」と言って、連れて行っていただいていました。

びっくりするような値段のお店もあります。ですから、情報も集めずに軽々しく「連れてって」とは言わないこと。同伴は絶対ダメだという人もいます。相手を見てお願いしなければなりません。

自分で一生懸命情報を集めて、勉強をして、それを自分でも試してみて、そしてお客さまに教えてあげる。結局一番大切なのは、そのお客さまが何を望んでいるのかを知ることです。

同伴入店をしたら、そのお客さまとずっと一緒にいなくて構いません。

メンバー（黒服）も勘違いしないようにしてください。同伴して入ってきて、お席に座って三十分も経っているのに、「あの子呼んで」と言ったとき、「同伴のお客さまとご一緒なので」って、何を言っているの。同伴で一、二時間一緒だったんだから、十分で席を立たせてもいいくらいです。お客さまにしても、「ああ、呼ばれたんだな」と思います。

ママは、一時間半、二時間お客さまとごはんを食べたら、「お店に行ったら帰っちゃうようなお客さまがいるから先に行ってきていいですか」と聞きます。お客さまは必ず口を揃えて、「二時間も独占しちゃったからいいよ」と言ってくださるものです。それでとうとう最後までそのお客さまのお席につけない場合もよくあります。

そういうとき、謝ると「同伴で話せたからいいよ」と言ってくださる。ひとりのお客さまにずっと固執するような商売をするつもりなら、どこかのスナックに行けばいいんです。スナックなら数千円でマンツーマンでも結構ですからね。

メンバーは同伴入店してきて十分、十五分経ってから、ほかのお席に呼ばれたときには、すぐに立たせる。それを怒るお客さまなら、ママが説得します。

ずっと独占したいと言うお客さまもいらっしゃいます。けれど、「どこのお席にも呼ばれないホステスってどうですか?」という言い方もあります。お客さまが怒ったときのものの言い方やおさめ方も、やっぱり一流のホステスの腕の見せどころです。

こういうときこそ一流であってほしいです。

お客さまは、一流を見ると感心してまたいらしてくださいます。同じお金を使うなら、やはり一流のお店で使いたいと思っていらっしゃいます。

誰よりも輝くドレスや着物を着て、誰よりもお席に呼ばれるホステスになることです。ヘルプについたときは、堂々と座っていられるヘルプであってほしい。

銀座は一流です。だから一流のお客さまがいらっしゃいます。一流のお客さまと出会って、ステキなものの言い方、考え方を学んで、自分を磨いてください。

銀座に出たての子も、一流の銀座のママや一流の銀座のホステスに出会って、言葉遣いや会話の仕方、立ち居振舞い、お金の使い方をどんどん学んでいくわけです。

お客さまも銀座に出ることでだんだん磨かれていきます。ほかの街で飲んでいる人と、銀座で飲んでいる人は、同じようにラフな格好をしていても、全然違うんです。

銀座にいるわたしたちホステスも、お客さまを一流にしなきゃいけない。

銀座にいるからには、一流を盗んで、盗まれながら働かなければプロとはいえません。

No 3 顧客満足度

銀座の女らしさを持つ

着るものや髪型によって相手に与える印象は、大違いです。

誰よりもバリッとしたものを着て、高級な女だと思われるように工夫してください。きちんとしている子を見ると、お客さまは、連れて歩いても恥ずかしくないな、有名なお店に連れて行ってもいいかなと想像します。ペラペラの服を着ているような子を連れて行ったら恥ずかしいですからね。

本当に高い服でなくてもいいんです。高く見える服、高く見せられる服でいいんです。本当に高い服は、収入が確実にあって、パパができたときに買えばいい。今の自分の収入で三、四十万円の服を買っていたら、貯金もできないでしょう。銀座の高級な女に見せてくれる服で十分です。

ママが銀座に入ったときは、昼も夜も際限なく働いても、毎月ぎりぎりの生活でした。お裁縫の得意なお友だちにシルク布を何枚か渡して、いろんな色のタイトスカートをつくってもらったり、セールで買ったシルクのブラウスを着て、上手に工夫していました。少し余裕が出てきた頃も、デパートで少し高く見えるような、華やかな洋服を選んで買っていました。

今みんなが着ているような黒い服は着ませんでしたよ。

着るものや髪型を変えることで、その日の雰囲気も、自分の気分も変化します。目立つのは、髪型と服が決まっている子です。靴もビシッと決まっていたらなおいい。じっと見たら大した顔でなくても、すごく華やかに見えて、いろんなお席から声がかかるようになります。

パーティーへ行ったときも、「あの人どこの人?」と周囲にささやかれるくらい、誰よりも華やかで、目立つような格好で、堂々としていなさい。

みんなは毎日男の人の目にさらされているわけです。見られていない人たちよりもどんどん美しくなります。日々自分に磨きをかけていれば、思いもしなかったお客さまや、新規のお客さまから突然声がかかります。

最近、十キロほどやせた子がいるでしょ。きつかったはずですよ、十キロやせるのは。でも、スリムになって、そこからまた勝負をかける。ある程度自分を戒めることができない子は、この仕事には向きません。それこそ自分磨きが仕事のひとつですからね。

自分が何かをもらいたいと思ったら、何かを我慢する努力をしなさい。これはほしいけど、ぐうたらやりたい、では生き残れません。

多くの人から常に見られているという自覚と緊張感を持つことは、とても大事です。

ママは、グレのチーママのときから、一流のお客さまの相手をたくさんしてきました。一流のお客さまのお連れさまは、また一流のお客さまです。その人も紹介してもらえます。そのときに大事なのは、甘え上手であること。

銀座に入りたての頃、ママが大学時代自動車部だったと言ったら、ほかの大学の自動車部だったというある社長にものすごくかわいがってもらって、いろんな上場会社の社長や食品業界の方をたくさん紹介してもらいました。その枝葉のお客さまがつながって、今いらしているお客さまにもつながっています。もう二十数年前からのお客さまもいます。それを考えても、いいお客さまの連れはいいお客さまです。アフターで朝までということもよくありましたけれど、変な方はいませんでした。

一流のお客さまに上手に甘えて、一流のお店へお食事をしに連れて行ってもらう。そのお店を紹介するためにまた次の同伴をする。

ベルベの子で会話ができない子は、誰ひとりいません。お客さまからも、「ベルベは、誰がついても、初対面でもすごく楽しくて、会話のレベルが高いよ」とよく言われます。

でも、色気と根性がない。お金持ちのお客さまだなと思っても、食らいつく気持ちが感じられない。そんなことをしたら恥ずかしいと思っているようですけれど、それは恥ずかしいことではありません。

どんなことでもしなさいと言っているわけではありません。けれど、もう少し根性と明るい色気を出して、自分も楽しくなるような雰囲気を持つことが一番です。あなたたちなら絶対できます。

ベルベの子たちは、よその女性に比べてレベルが高い。もちろん顔、形はいろいろ好き嫌いはありますけれど、仕事のレベル、お話のレベルは高いとママは信じています。

№ 4 人材育成

人の立場を思い遣《や》る

新人教育

常に向上心を持ってください。

ママは常日頃から、長くいる女性たちに、「間違ったことをしている子には、『間違っている』ときちんと教えてあげなさい」と言っています。

最近、新人に対して、そういう周囲の気遣いが足りていません。

新人が一度も同伴できていないならば、お姉さんたちがきちんと面倒を見てあげる。新しい子は右も左もわからないんです。一カ月でも先に入った子は、自分がわからなかったことも含めて教えてあげる。奥で声をかけてあげる。

よそのお店は派閥がいっぱいあって、いじめでノイローゼになったり、ウツになったりするけれど、ベルベはチームワークが第一です。

この間、たまたま隣りに新人の子がいたので、様子を聞いたら、「ダメかもしれません」と言うんです。彼女の目線に立って周囲を見ていると、確かに冷たい雰囲気で、その場に溶け込めません。以前からのお客さまがいらっしゃったとき、みんなは知っているから楽しそうに話していますけど、その子からしたら初対面です。

まずは、自分が一歩下がって、その子を隣りに座らせて話の輪に入れてあげることです。みんなにそのつもりがなくても、本人はものすごく疎外感があるんです。

銀座に入った当初は、誰もがすごく怖く見えるものです。

ママがグレのチーママで初めて入ったときは、疎外感しかありませんでした。唯一「頑張ってくださいね」と言ってくれた人のそのひと言は、今でも忘れられないほどに温かいものでした。その人とは、オーナーママ同士のいいおつき合いが続いています。

初めて銀座に入った日のことを思い出してください。ヤンキー上がりで番長だったかもしれないけれど、入った初日はドキドキしたでしょう。ママは結婚して、子どもを生んで、離婚してから銀座に入ったのに、銀座の初日は泣きましたよ。ちょっと触れられただけでも、自分は売春婦になっちゃったのかなという感覚が強かった。

水商売のなかでも銀座という最高のステージに初めて足を踏み入れた日は、お姉さんたちみんなが怖く見えるものです。

特に怖そうな雰囲気のお姉さんたちは、やさしく声をかける。せっかくいい子が入っても、一週間で辞めてしまう子は、たいていお姉さんたちが冷たいと言います。でもそれは、お互いに余裕を持てないだけかもしれません。お姉さんたちも自分のことで精いっぱいということもあるでしょう。そういうときに、お姉さんが余裕なく新人をしかると、新人もびっくりしてしまいます。

新しく入ってきた子は、注意されることが度重《たび》なると、すごくたくさん怒られた気分になるでしょうけれど、人に何か注意されたとき、怒られたとか、意地悪をされたとか思うのではなく、注意されたことを改善して前進するよう心がけてください。

お互いが高め合おうというときに誤解を生まないでほしい。みんながベルベの看板を背負っています。自分が逆の立場になったときのことを考えて、ひとりひとりが相手を思い遣る。これは、お客さまに対しても同じです。

ママはもの言いは大雑把なところがありますけれど、細やかな精神と気遣いを持ち合せているから、気風がいい、やさしいと言われるんです。基本的な気持ちの細やかさやサービス精神を忘れたら万年ヒラでおしまいです。


ママがあるとき、女の子に注意しました。

「残り少ないボトルが二本あって、なぜあなたは、甘くて自分が好きなボトルをたくさん飲もうとするの？　お客さまが飲んでいるボトルを一緒に飲むべきでしょ。よく考えて仕事をしなさい」

その子はママに怒られたと言ってしょぼくれていたそうです。それは怒ったのではなく、仕事の仕方を教えただけです。

ママだから強い言い方をされても「怒られちゃった」で済ませてしまうのかもしれませんけれど、お姉さんたちがすごく強く言ったときには、言われたことをきちんと自分でもう一度考えてください。

お姉さんの言い方が、あまりにもひどいときはママに言いなさい。ただ、酔ったときの口調は、よかれと思って言ったことでも強くなったりします。女性はみんなナイーヴですから、お互いが言い方や使う言葉に気をつけなければいけません。

お姉さんたちも、きつい言い方をしすぎたかもしれないと思ったら、次の日に必ず自分でフォローの電話をするとか、メールを送るのも大事なことです。

もしお姉さんたちに言われて納得ができないことや言いすぎなんじゃないかと思うことは、黒服なり、ママなりに伝えてください。チクるとかチクらないとかいう問題ではありません。ベルベでは、みんなに等しく、楽しく働く権利があるんです。後輩だから先輩には何も言えないということはありません。

困るのは、「ママに嫌われてるんじゃないかしら……」と思う子です。

ママは好きも嫌いもありません。みんながママの娘、妹。みんなかわいい。一生懸命やる子はもっとかわいい。一生懸命やって芽が出ない子もかわいい。いつもすごく一生懸命な子はついついかわいがるところはあります。一銭にもならないのに、土日にお客さまとごはんを食べに行くのを快くつき合ってくれれば、当然「ありがとう」という気持ちになります。けれど、えこひいきはしません。誰ひとり嫌っていません。

失敗して、ママがすごくしかったとしても、スタッフがしかったとしても、それはかわいいから教えてあげようと思っているだけです。

楽しく仕事をしなければ、お金は儲からない。楽しんで仕事をしている姿を見て、お客さまはうんとお金を使ってくださいます。

いがみ合っていたり、何か問題があるのかなと思うと、お客さまはおもしろがって聞いてくるでしょう？　そんなふうに聞かれると、働いているわたしたちは、気分が悪くなる。そういうことをなくすため、みんなで声をかけ合って、助け合って、お客さまに怒られていたらかばってあげて、わからないことがあったら聞く、聞かれたらなんでも教えてあげる。なんでも聞いてちょうだいと声をかける。

ママはベルベを始めたとき、絶対、女性同士のいがみ合いのないお店にしようと思いました。ひとりひとりが楽しく働く権利をきちんと持たせてあげられるようなお店づくりを心がけてきました。それを覚えておいてください。

楽しければなんでもいいというわけではありません。ひとりひとりが責任を持ちながら、気持ちよく仕事ができる環境をみんなでつくりたい。勘違いが生まれたら、その勘違いを早く解消して、嫌な気分で働いている人がいないお店にしていきましょう。

頑張ってできないことはそうそうありません。あきらめずに、これまで以上にみんなで力を合わせて頑張っていきたいと思います。

時間を守る

同伴をしているのにお店に遅刻をしていたら、同伴になりません。そういうもったいないことはしないでほしい。時間は必ず守ることです。

ママは、同じお客さまと一日に二回待ち合わせをしたとき、二回とも十分前には待ち合わせ場所に着くように行きました。初めての待ち合わせだったので、先に着いていないと申しわけないと思う気持ちもありました。最初は、健康維持のための病院を紹介してくださって、夜は六時半の待ち合わせでした。けれど、ママは帰って支度をして、美容院に行ったら間に合わないだろうと思って、六時四十五分の待ち合わせに変更していただきました。結果、ママは六時三十五分に待ち合わせ場所に到着しました。

お客さまはすごく褒めてくださいました。

連れの女の子はダラダラと遅刻をしてくるわけです。

「見てごらん、このママを。時間前にきちんと来て、相手を待っているだろう」

やはり時間を守るのは基本です。しかもそれが初めての相手との待ち合わせならば、待たせるなどもってのほかです。六十五歳の会長が、ママに敬語を使ってくれましたよ。このママはきちんとしていると、そういう目で見てくださいます。だらしなく遅刻をしていると、そういう目でしか相手は見てくれません。

たった三十分早く出かけることで幸せが得られるんです。

もったいないことはしないでください。

銀座でいう車代

チップなしのアフターを経験したことがある子はいる？

係りがいなかったり、ママが行かなかったりするとそのままになってしまうこともあります。

銀座では、アフターに行ったとき、お客さまが「車代」と言って渡すのは、チップです。あるお客さまに、「車代」と言ったら、「ハイヤー用意するよ」と言って、人数分ハイヤーを呼ぼうとしました。そういうときは、「違うのよ。係りの女性にまとめてチップを渡せばいいのよ」ときちんとお伝えする必要があります。ママがいなければ、係りの女性が教えてあげればいいんです。

銀座の通説では、車代という名目のもと、時間外労働に対するチップを渡しています。ですから、お客さまに呼ばれてもいないのに一緒にアフターへ行ったときは、「わたしはいいです」とか、「車あるから大丈夫です」と言えばいい。チップ目当てでアフターへ行くのはおかしな話ですからね。

ママのお客さまやお店のお客さまと、アフターで朝まで飲んで車代をもらえなかったら一応報告してください。ほかの部分で多くいただいたりすることもあるので、お客さまも車代を出さないときがあります。

けれど「アフター行こう」とお誘いを受けた時点で、当然帰りのタクシー代がかかるわけです。アフターがあろうとなかろうと、みんな銀座から帰るわけです。銀座から家まで遠い子はそうそういません。ならば、車代をくれない人がいても、あまりこだわりすぎないようにね。

終電があってもなくても電車で帰らない子は、チップなしでも「今日は大勢だからいいです」と言うのも心遣いがあっていいと思います。アフターに六人の女の子でお鮨屋さんに行ったら、お鮨代と車代が同じくらいになってしまいます。そういうときは「今日は結構です」と気遣いをみせることです。

お客さまも、普通は車代のことも考えて女の子の人数を決めています。それを呼ばれてもいないのに図々しく行くときには、お鮨代もチップ代もかかるということを考えて行動してください。そういう心遣いや態度がまったく見えないと、お客さまも「呼んでもないのになんなんだよ」となります。なかにはたくさん車代をくださる方もいるけれど、みなさんバランスをうまく取って行動してください。

水割りのバランス

この間、ある社長が数名のお連れさまを従えてベルベにみえました。そのときホステスは全部で六、七人そのお席につきました。

それなのに、三分の二も残っていなかったボトルが空かないとは、どういう仕事をしようと思っているんでしょう。

まさかママが、ホステスに口に出して、「空けなさい」なんて言うわけにいきません。その社長とは旧知の仲でしたから、社長のほうがママを気遣って、「空いたことにして、伝票入れといていいよ」と言ってくださいました。

その方は、毎週のように来てくださる方ではありません。たまに大勢で来て、楽しんでいってくださるんです。

これ見よがしにドボドボと濃く注いだら、それはいやらしいですけど、ホステスが六、七人もいて、あれしか残っていないボトルが空かないのには、すごく残念な気持ちでした。

水割りをつくっている子が、全員のグラスにチョロチョロチョロチョロでは、どうしようもありません。自分が飲むための水割りではないんです。

水割りの正しいつくり方の割り合いがあります。少し濃く飲むような子は、結構濃くつくっていましたが、お客さまにはチョロチョロチョロとしか入れていない。あんなもの水同然です。普通の濃さで注いでいたら、すぐに空いたはずです。

せっかく大勢のお連れさまを連れて来てくださったのに、久しぶりにすごく悔しい思いをしました。あの人数で新しいボトルを入れられないなんて、チャンスをみすみす逃すのと同じことです。

お姉さんたちも、「なんで空けてくれなかったの」と感じたことでしょう。

飲み切れなくても自分のところにちょっと濃く注いで、残してもいいんです。取りあえず濃くつくって、少しずつ飲んでいればいいんです。つくっておけば絶対空くものです。そうすれば、何本もシャンパンを入れなくても売上が上がるでしょう。

お酒の弱い女の子がお席を立つときに、お客さまに「全部飲んでけ」と言われたら、隣りの子が飲んであげればいい。そういう少しの考えがないばかりに、せっかくのチャンスをみんなで逃したんです。

ママが口を出して、「濃くつくりなさい」とは言えないでしょう。それはこの世界の常識です。何度も水割りをつくって、ほんの少しだけ残すのは、お願いだからやめてください。お客さまは、新しいボトルを開けるつもりで来てくださっているのに、そのボトルを空けないなんて、どうかしています。

「今日は開けないよ」と言うお客さまに対して、えげつなくガツガツするのは考えものです。お席を立つときにお客さまが、「飲まなくていいよ、そんなに」とおっしゃれば残しておけばいい。「全部飲め」と言われたら、飲める子が飲んであげる。「こんなに濃くつくっておいて、残すなんて……」とおっしゃるお客さまもいます。状況をきちんと観察して、行動してください。

みんなで協力しても、水割りをつくる人が周囲の協力をまったく理解できなければ、どうしようもありません。

今日からみんな水割りを濃くつくるでしょう。お客さまに「かなり濃いけど、みんな、すごい酒飲みだな。この店は、女だけで空いちゃうな」と言われるくらいの気持ちでいてください。

お客さまからリクエストで、ちょっと薄めにつくってと言われるときもありますが、下品にならない限度をわきまえつつ、女の子の分は濃い目につくってくださいね。

メインのお客さまばかりに気を取られない

「この人はお金を払うから」「この人は払わないから」という裏表のある仕事をしていると、必ず相手にも伝わります。お金を払わないお客さまに背中を向けてばかりいてはいけません。

この間もママのお客さまのお連れの方が、女の子を気に入って、お店へいらっしゃる回数が増えました。何も入れなくても、ママのお客さまのボトルで同伴していらしてくださいました。これも大切な仕事です。

「メインのお客さま以外は、お金を使わないから放っておく」という気持ちではなく、テーブルに座っているすべてのお客さまが楽しんでいるのかどうかを気遣ってください。いらしているお客さま全員が楽しいと思えば、誰かが「またベルベに行きましょう」と言ってくださいます。お金を使わない、使えない人が、上司と居酒屋で飲んだあと、「ベルベに連れて行ってください」と言わせられるだけの気持ちを、わたしたちが持たせられるかどうかです。それもとても大事な仕事です。

長いおつき合いの大企業の社長も、常務のときから来ていて、一円も自分で使ったことがありませんでした。けれど、今では社長です。ですからママは言いました。「こういう苦しい時期には、社長がリーダーシップを取って使ってあげないと、専務、常務クラスが余計に使えないのよ。経費だって使えるんでしょ」と。やはりみなさん自重していらっしゃるんです。けれど、それからしばらくして、「経費で来たよ」と言って、いらしてくださいました。

シャンパンやワインを入れなくても、大企業の社長がベルベへいらしてくださることが、ベルベのステイタスにもなります。ほかのお席で飲んでいるお客さまも、上場企業の社長と同じ空間で飲めるという気分を味わっていただけます。上場企業の社長がたくさんいらっしゃるところで、自分もそこに存在していれば、「いつか自分のお金で飲もう」という気持ちになるかもしれません。

ベルベは一流のお客さまが集まる、一流の場所であり続けたいと思います。

世間では、十二月の忘年会も少なくなりました。

お客さまに聞いた話では、夜に忘年会をするとお酒をバンバン飲んで、もう一軒行くことになるので、ランチで五千円くらいのコースを頼んで、ワインを少し飲んで終わらせてしまうようになったそうです。

その話を聞いたら、銀座に出る方も少なくなるはずだと思いました。いくらお歳暮を出しても、パーティーの案内状を出しても、例年通りにはいかないのかもしれないなと思います。

それでも、あきらめないでください。

先日、お客さまからママに電話がありました。

「ママ、来週パーティーでしょ？　誰と同伴したらいいの？」

「誰から連絡ありました？」

「○○ちゃんと○○ちゃん」

「じゃあ、もうひとりお客さまを連れて、ふたりを同伴してあげてくださる？」

こういうありがたいことを言ってくださるのは、今どき珍しいお客さまです。今は同伴が命綱になる時代ですから。

やはり日頃のひとりひとりの行い次第でしょう。座ったお席のひとりひとりのお客さまに目を凝《こ》らして、この人はこの先どうなるのかを考える。お名刺をいただいたら、どんな会社の人で、どんなお仕事をしているのかを調べる。そしてそのお仕事についての本を読む。新聞を読む。その業界が今伸びているのか、下がっているのか、なんとなくでもいいから把握する。

それだけの興味を持ってお客さまに接すれば、相手も「この子は僕のことに興味を持ってくれているな。自分がお金を払うわけでもないのにどうして大事にしてくれるんだろう」と気になり始めます。そういうきっかけは積極的に自分でつくっていくことです。

一日ひと組でも多く呼ぶためには、どうしたらいいのかを考えて仕事をしてください。自分の係りのお客さまが誰も来ないという日は、お店のお客さま、ママのお客さまに全力でヘルプをすること。そのお客さまを必ず「自分の力で呼んでみせる」という気持ちを持つこと。ただ、ボーッと座っているだけなら、帰りなさい。

自分のお客さまがいないときこそ、チャンスだと思ってください。自分のお客さまがいたら、かかりっ切りになることも多いでしょう。ですから、いないときには、ひとつでも多くのお席から呼んでもらえるように、ひいては次の機会に同伴してもらえるように全力で頑張ってください。

みんなに平等に逆転のチャンスは転がっていますよ。

トンチンカンな会話をしない

ママが「新聞を読みなさい。読まなくてもいいから、見なさい。本を読みなさい。いろんなことを勉強しなさい」とうるさく言うのは、勉強をして、その知識をひけらかすためではありません。いろんなポケットを持っている、深みのあるいい女でいてほしいからです。新聞、テレビ、雑誌、本などを読んだり、見たりしているだけでも感性は磨かれていきます。いい女になるにはやはり勉強が必要です。頭の悪い女はすぐに飽きられてしまいます。

今、世のなかで起こっている物事を知って、自分なりに考えることです。たとえ間違っていても、考える力を持っている子に対して、お客さまは、「この子は、なんだかいい感性を持っているな」と思ってくださいます。

その感性を磨くために物事を知りなさいと言っているんです。

あるママは、慶應大学の通信教育を受けて慶應大学を卒業しました。ベルベに入ってから成城大学や学習院大学を卒業した子もいます。つまり、勉強なんて、いつからでも始められるんです。大学の話をしたからといって、学校の勉強をしなさいと言っているわけではありません。「ちょっとおもしろそうだな」と思うことから始めればいいんです。「何かやってみよう」と思うことがとても大切です。

何かを始めれば、お店での話題のひとつにもなります。「今、家庭教師をつけて週に一回勉強してるの」という会話もおもしろいじゃないですか。大学を卒業するためだけの勉強を勉強と言っているわけではないんです。単に新聞の読み方を教えてもらうだけでもいい。何かを始めて、知らない自分に出会うことをママは勉強といっているんです。

とにかく、前向きで真摯《しんし》な姿勢はすごく大切です。そしてそれは自分を輝かせてくれます。「みんなも何もしてないから、わたしもまあいいか」では、輝きが廃《すた》れます。自分磨きの方法を自分なりにしっかり考えてください。きちんと考えている子には、お客さまも目をとめてくださいます。

銀座は高いお店ばかりだけど、こんな時代でも変わらないスタイルでママはやっていきたいと思っています。

ひとりひとりが頭のなかで、今までとは違うルールを持つことです。体のトレーニングだけでなく、頭のトレーニングもすること。いろんなお客さまのお席に座って、ひとりでも多くのお客さまから「君の会話はおもしろいね」と言われるようになること。いつも下ネタばかりでは、「またそれかよ」となりますけれど、ふと真面目な話をひとつでも出せるようになったら、「この子、バカじゃなくていいな」と思ってくださいます。

変わらずにアプローチをし続ける

夏なので簡単なワンピースというのもいいですが、夏だからこそ、ピシッと着物を着たり、引きずるようなロングドレスを着てみることもひとつの工夫です。努力の気持ちが溢《あふ》れ出ている女性は、お客さまも応援したくなるものです。

今、世間には安いものが溢れています。H&Mやユニクロは、世界的にものすごく業績を伸ばしています。けれど、銀座の料金を安くすることはできません。お客さまがいらっしゃらなくても、今は我慢のときです。今我慢せずに、あとで後悔をするようなことはしたくありません。うんとお金を儲けた人が、銀座にお金を使いに来ることがステイタスで、それでわたしたちの仕事があるわけです。今、自分のお客さまのなかでいらっしゃらない方が増えたと思います。けれど、ここが踏ん張りどきです。我慢して、頑張った人が、景気がよくなったときに必ずにっこり笑えます。

不況だとはいえ、ベルベは赤字を見ずにやってきています。つらいときに、みんなが何を考えて、どう行動するかで、お店もホステスも生き残っていけるのです。

どんなふうにアタックしてもいらっしゃらないお客さまも、一年以上いらしていないお客さまも、あきらめずにメールを入れ続けることです。今は難しくても、お客さま自身が不況から脱したとき、必ず一番初めにベルベに行こうという気持ちを抱いてくださるはずです。ですから今メールをするときは、「来てください」というのではなく、「お元気ですか?」と気遣う文章にする。金の切れ目が縁の切れ目のようなおつき合いは、消えてなくなるものです。「体調がお悪いと伺いましたが、いかがですか?」だけでもいいんです。あるいは、昔のお客さまにお手紙を書いてみる。きちんとしたお手紙を書けば、部署を異動した、昇進した、とお返事をくださることもあります。

ママは長年銀座にいて、たくさんのお客さまを見ています。常務だった方が社長になって、五年、十年すると退職していったり、亡くなったりします。今すでにそういう方がいらっしゃいます。今はお金を使えない連れの若い方たちも、これから偉くなるかもしれません。人を見極める力を養って、仲よくして、大事にしてください。

銀座で生き残っていくのは、長いスパンのかかる勝負です。何度断られても、あきらめることなく飽きずにこまめにメールを入れている子は、やはり最後には勝ちます。継続する力が結果となってついてくるんです。

ママが、「この人は、電話をしたら絶対同伴してくれるわよ」と紹介しているのに電話をしない子は何を考えているんでしょう。ママはママで、そのお客さまから、「ベルベからは連絡ないんだよね」と言われてしまう。

今日この話をしたから、明日からみんな電話をするでしょうけれど、またかけなくなる。それでは、ダメなの。一回でも同伴してくれたら、同伴してくれる人のリストに加えて、コンスタントに連絡を取り続けることが大切なんです。

今日会って「電話番号教えてくれ」と言われて、「電話してもいいですか?」「いいよ」と言う人は、ほとんどが同伴OKです。「二、三回メール来たけど、そのあと全然ないよ」という話はお客さまからよく聞きます。メールアドレスをいただいたら、ずっとメールをし続けること。返信がなくてもメールはあまり邪魔にならないと思います。ただ、返事もないのに一日に何度も連絡するのはやめましょう。

みんながそれぞれ工夫をすれば、この不況という逆境も乗り越えられます。

ママもお客さまにプレゼントを差し上げたり、お客さまの誕生日がきたら、ママからシャンパンをお出ししたり、初めてお会いした方には、記念にグラスシャンパンをお出しすることもあります。お客さまは、そのお返しに「また来ないといけないね」と言ってくださいます。それでリピートのお客さまになったら、とてもうれしいです。

ベルベの子たちは、どんな子もきちんとお話ができると思っています。これに関しては、自信があると胸を張って言えます。よそのお店では、接待だというのにお客さまの隣りに座ってボーッとよそを向いていたりする子もいます。教育が行き届いていない三流店です。ママはこれまで、キチッとお話ができるようにお勉強もちゃんとしなさいと言い続けています。みなさんが実際にどうしているのかはわかりませんけれど、基本姿勢がきちんとしている女性しか入れていません。

ママが名刺交換をしたときはチャンスだと思うこと。お客さまが名刺入れをしまわないうちに、「申し遅れました。わたしは○○と申します。よろしければわたしもお名刺をいただきたいのですが……」とガンガンアピールする。お客さまが、ダメだよと言ったら、自分の名刺だけでもお渡しして「覚えていただければいいんです」と言う。「そんなのいらないよ」とふざけて冷たく言う人はたくさんいます。ママには名刺をあげても、ほかの子には出さない主義の人もいます。すごく悲しくなると思いますが、それはみんなが同じように経験しています。決して自分だけではないので、めげずに続けてください。

いただいた名刺がどれだけ大切かをもう少し認識してください。メールの返事が来なくても、顔を覚えてもらっていなくても、常にアプローチしていれば、「いつも○○っていう子からメールがくるんだけど、どの子？」と言われて、そこから始まることがあります。チャンスを取りこぼしていたら、怠けているのと一緒ですよ。

№ 5 トップの生き方

ママの思い

ベルベのコンセプト

ベルベのコンセプトは、感謝、反省、努力。そして、チームワークです。人に感謝すること。十のうちひとつでも自分が反省すべき点があれば、まずは自分からそれを直すこと。そして、銀座という世界に生き残るために、ほかの人の何倍も努力をすることです。最後に、チームワーク。よそのお店は、われ関せずで、自分さえよければそれでいいという雰囲気があるかもしれません。けれど、ベルベはみんなでお店の雰囲気をつくり上げて、これからも、お客さまに居心地のいい空間を提供し続けていきたい。今までも、今も、ベルベのチームワークは、ママが見ていてもとてもいいです。

ママは二十八歳で銀座に入ってから、常に一生懸命やってきたので、なんの後悔もありません。人に騙し取られたお金や貸したままのお金もいっぱいあるけれど、今、決して不幸ではありません。人のために生きるとか、人に幸せになってもらいたいとか、そういう気持ちがあるからです。

五十歳を過ぎた自分の声を聞くと、やっぱり歳を取ったなと思います。でも心がイキイキしていると、「最近またきれいになったね」と言われるものです。心を磨いて、一生懸命生きていれば、みなさんも歳を取っても幸せでいられるはずです。

銀座の一流のホステスである前に、女性であること。一人前の女性である前に、立派な人間であること。みなさんには、人として幸せになってもらいたい。

ママは、女の子に売上のことを言うことはありません。それよりも、今のあなたたちの生き方、頑張り方が、この先の未来につながっていくことを心に刻んでおいてもらいたい。

半年後、一年後も今と同じようにダラダラしていたら、歳ばかり取って垢がつくだけですから、早いところお見合いをして結婚したほうがいいと思います。

ママは銀座に入って、自分の限界以上の力を出そうといつも一生懸命やってきて、ここまできました。今ここにいる子たちは、二十八歳にも届かない。ママが銀座に入ったときよりも、きれいで若いんです。もっともっと頑張って力を出せば、もっともっと楽しい人生を送れるはずです。

出勤調整は悪循環

この間、三十数年続いたお店が閉店しました。そのほかにも今年の末までに閉めるお店が、聞いた限りで六軒あります。リーマンショック以来、ガクンと売上が下がって、今回また、ガクン、ガクンと落ちます。銀座でママを二十五年間やっていますが、百年に一度の不景気だ、恐慌だと言われています。これは昔のオイルショックや二十二、三年前のバブルが崩壊したそのあとの恐慌に比べると、十倍くらい。

いろんなお客さまに連絡をしても本当に景気が悪い。ママのお客さまも、「行くよ」と言っておきながら来ない。ママがお客さまに、いろんなお客さまを紹介してあげていても、払うお金がないからお店へは来ない。こんなことはありませんでした。

ママに「お金を貸してくれ」と言うお客さまも随分います。「なんのお金?」と聞くと、会社を運営するお金なんです。資金繰りができないとか、よその飲み代がたまってしまったとか。

それを考えても、今いらしているお客さまは、たいした方たちだなと思います。この世のなかでも景気がいい人はいたり、景気のよし悪しにかかわらず昔からシャンパンも入れずにマイペースに飲んでいるお客さまもいる。ママがみんなに新聞を読みなさいと言うのは、景気が悪くなる会社と景気がよくなる会社のヒントが必ずそこにあるからです。

銀座は絶対に廃れません。どんなに景気が悪くなっても、どんなにお客さまの総体的な数が減っても、銀座は絶対に廃れません。

ここ最近痛感しているのは、オーナーママのお店ではないところが、どんどん閉店準備を始めているなということです。少し前まではIT企業の社長が裏でお金を出していたりしましたが、そういうお金もなくなってきたのでしょう。

その結果、よそのお店はどんどん出勤調整をしています。つまり同伴ができなければ来るな、お客さまを呼べなければ来るなということです。よそのお店の人に「ママのところは出勤調整しないんですか」と聞かれます。「取りあえず今はしていない」と答えました。ベルべは日数調整もしていません。月二十二日あったら、二日間削って売上はノルマで上げさせるというものですが、日数調整も出勤調整も一切していません。こういうお店は滅多にありません。

一流店の意地があります。

けれど、お客さまの売上が一番あるユカさんが、「こんな時期ですから、二、三日休みます」

と自主出勤調整を申し出てくれたときは、思わず「ありがとう」と言ってしまいました。売上がある人ほど、日給も数十万円となるわけです。それでも彼女は、予定がない日は「ちょっとバテました」と言って休んでくれる。そんな子はなかなかいません。

よそのお店では、売上のある子でも出勤調整があります。月に何日か休んでもらえれば、その分お給料が浮くわけですからね。でもママは、それでは悪循環になってしまうと思っています。ママの希望は全員を常に出勤させておきたい。そして、そのひとりひとりがひと組以上のお客さまを呼んでほしいと思っています。

みんなに平等に、いろんな人と出会えるチャンスを与えておきたいんです。みんなが同じチャンスのなかで、お客さまに挑みかかって、必ずリピーターになっていただけるような仕事をしてほしい。どのお客さまに、どの女の子が合うのかなんて、その場にいなければわからないことです。タイプが違うと思っても、はまる場合もあります。

みなさんの良心、みなさんのやる気にかけています。誰ひとり怠けたり、休んだりしてほしくありません。一生懸命やっていて努力の見られる子、「毎日わたしを呼んでくれるお客さまを探そう」という意気込みのある子は、特に休んでほしくない。

ママの気持ちを受け止めて、きちんと働けないならば、もう辞めてください。「出勤するだけで数万円もらえる」という気持ちの子は、来ないで結構です。

けれど、日数調整もない、出勤調整もないベルベのようなお店でダメならば、よそではもう使いものにならないでしょう。出勤調整されて、お客さまに「あの子、今日休みなの？」と聞かれるような子でなければ、そのままお店を辞めることになります。

お給料が安いとか高いとか言っている場合じゃありません。お客さまを待つ時代は終わりました。十人のお客さまに声をかけて、ひとりでもいらしてくださるならラッキーな時代です。ならば、二十人に声をかけて、ふたりつかまえるしかありません。人の五倍、十倍働く。働いたら働いた分だけ売上はついてきます。

自分が今までどういう仕事をしていたのかを振り返って、悪いところはリセットする。反省をして、ゼロからスタートする力をつける。それができなければ、銀座ではもう働けません。

そして、ひとりでは仕事はできません。ヘルプの女の子を大切にして、ヘルプの子にもお客さまへ電話やメールをしてもらう。もしひとりのお客さまのところへ、五人の女の子からメールが入ったら、お客さまもベルベは熱心だなと思うでしょう。電話は無理でも、メールはいつでも確認できます。お客さまからお名刺をいただいたらメールを入れる。まずはそこから始めましょう。全員が気遣いと努力を忘れずに一生懸命働けば、出勤調整なんてされない一流のホステスになれるわけです。同伴はできなくても、ひとりひとりがお席に呼ばれるならば、当然全員出勤してもらって結構です。

サラリーマンホステスはいらない

この間、女の子がふたり辞めました。彼女たちのお客さまの係りになれなくても、一度でもヘルプについていたら、「引き続きベルベにご来店ください」というメールを送る。菓子折りと一緒に手紙を出す。あいさつ回りに行く。そうしたら、「しょうがない、係りにしなきゃいけないかな」という気持ちにもなるでしょう。

日頃きちんと仕事をしていたら、係りが辞めた時点でお客さまは必ずずっと第一ヘルプでやってきた子を係りに指名してくださいます。自然と頭のなかで次の係りは決まっているものです。ですから、常にきちんと第一ヘルプをしているかが重要なわけです。最初に色気を出して引きつけるのは結構ですが、最終的には、きちんと仕事をしている子を応援してくださるものです。

この子は、同伴しても遅刻しない、「頼んだよ」と言ったことはきちんとやってくれる、そうしたら係りを任せられます。だからこそ日頃の努力です。数字を狙って、係り、係りというのではなく、日頃一円にもならないようなことに、どれだけ自分が奉仕しているかです。みんな、辞めた女性の係りを取れない。すべてお店の係りになっています。

つまり、今まで適当に仕事をして、きちんと第一ヘルプをやってこなかったということです。もっと脇を締めて、気を引き締めないと新しい係りは増えません。今は、いくつかしかない係りがどんどん減っていくだけです。その流れに負けないように、新しいお客さまと出会うパワーを持つことです。

そのためには、休まないこと、引きつけること、ホレさせること。このパワーを持たないとジリ貧になります。自分の売上がないなら、ほかの係りのお客さまをグイグイひっぱろうと頑張るのが仕事です。今は仕事になっていません。

お客さまがせっかくいらしても、ママが休みだと下で帰ってしまう、係りが休みなら帰ってしまう。それは、あなたたちに力がないからです。ママが休みでも「まぁいいか。ちょっと一杯飲んでいくよ」「じゃあ、いつもの子がいれば入ってあげるよ」とお客さまに言わせるのがみんなの実力です。

ベルベを辞めて、ほかのお店へ行ったとき、今のままではお客さまをひっぱれませんよ。ベルベのなかで、「あの子呼んで」と声がかかる子でなければ、絶対にひっぱれません。ただボーッといるだけのサラリーマンホステスはいりません。そんなサラリーマンホステスならお給料も下げます。数万円もらっている分きちんと働いて、お客さまに呼んでもらって、稼いでもらわないとなりません。

ママは、数字を上げなさいと言ったことはありません。仕事をしていないことに対して、話をしているんです。

同伴回数がこんなに少ないのはあり得ません。有名店では、ひと月に十回以上はたくさんいます。総人数が二十三人のお店で、月の同伴件数が十回以上の子が十九人いると言っていました。結局、みんなが同伴してくると、自分が同伴するお席がなくなるから、早く行こうと思う。それで自分のお客さまをどんどん、どんどん、次から次へと回そうとする。そういう勢いを持ったお店にしていくことが大切なんです。

それをズル休みするようなだらしのないことをしている、第一ヘルプをきちんとしていない。同伴回数が少ない理由は一目瞭然です。

それから、ママにヘルプをさせておいて、お席を立ってから五分も戻ってこないホステスがいました。ママは三組も四組も重なっているなか、わざわざお席についていて、シャンパンも入れて売上を上げているのに戻ってこない。思わず時計を見ましたよ。

ママに対して失礼でしょう。一体、五分も何をしているの？　トイレに行ったって、五分もかからないでしょう。煙草でも吸っているのかしら。そういう子のお席には、呼ばれても二度とつきません。フォローもしません。誰のヘルプも使わないでひとりでやりなさい。黒服もきちんと監視していてもらわなければ困ります。

一番怖いのは、そういうことを平気でできてしまうということです。その行為は、相手の気持ちを考えていないことと同じです。本当に腹が立ちました。

トップに上りつめるホステスは、周りの気持ちをきちんと考えています。ただひとりの相手のことも考えられないホステスがトップになれるわけがありません。売上が上がるわけがありません。お客さまにも気に入られるはずがありません。自分のお客さまのお席ならすぐに戻る。パウダーをパタパタしたところで、たいして変わりもしないんですから、ちょっと口紅をつけて、さっさと戻る。場面というものを読みなさい。

どこのお席でもオールマイティーの第一ヘルプになることがトップになる子の条件のひとつです。そして、「楽しければ一本入る」、この言葉も覚えておきなさい。楽しければリピートも増えて、「ママ、シャンパン好きだよね」と入れてくれる。そこでまたワーッと盛り上げたら「もう一本」と言ってくださる。それはママの力だけではなく、みんなの力です。そして、リピーターが増えれば、お店全体が活気づくんです。

ミーティングでは、ママが何十年もかけて培《つちか》ってきたやり方をみんなに教えているんです。あなたたちはそれをしっかりと受け止めて、素直に聞き入れて、いち早く銀座の一流のトップになる気持ちで一緒に頑張ってください。人のために働いて、裏表なく働いていれば必ず幸せになります。それだけは信じて頑張りましょう。

東日本大震災

三月十一日に大変なことが起きました。

地震、津波、原発とトリプルです。それに伴い、風評被害の影響で農作物の出荷制限。日本が大変なことになっています。そういったなかで、日本人が日本人の国民性に気づいたり、世界各国から支援があったりして、世界じゅうが日本の底力を見ています。

今は日本人全員が自分が何をすべきなのかを考えなければいけない。ママの娘夫婦は現金を集めて、ガソリン四百リットル、おむつ、生理用品、その他をトラック一台分に積み込んで土日に東北へ運んでいます。ベルベの子も土日に仙台に行って、ボランティアをしてきました。ママもできる限りのことをしています。

これからしばらくの間、毎月娘夫婦に寄付を託していきたいと思っています。

計画停電があったときは、みんなも協力していましたね。ママも日頃は怖がりなので、家じゅうの電気をつけて、暖房もつけっぱなしにしていましたけれど、暖房もつけず毛布をもう一枚増やして過ごしています。それだけでも電気料金が三分の一くらいになりました。企業も看板を暗くしています。

風評被害でその地域のものは売れなくなりました。でも、スーパーに並んでいるものは、福島産だろうが、なんだろうが大丈夫です。それを海外へ逃げたり、関西のほうへ逃げたりする人がいる。今、関西のクラブや博多のクラブは満杯なんですって。

ママは、「それって非国民だなあ」と思う。毎日原発で働く人は四百人はいるわけです。現実に被害にあっている人もいる。逃げたくても逃げられない人もいる。そういう状況を支援している人もいれば、われ関せずで逃げていく人もいる。東北の人が苦しんでいるのを見て、「被災したのが東京じゃなくてよかった」と言うような考えの人には、本当の幸せは訪れないでしょう。

実際、自分もきちんと生活を送りながら、何ができるかといったら、結局、募金です。毎月のお給料のなかから、少しでも募金しようという気持ちが大切です。現地へは行けなくても、何かの形でそこに参加しようという気持ちが大事です。

三月のママの誕生日、桜まつりのＤＭを出せなかったので、お客さまは、多くはありませんでした。けれど、震災以来、普通のパーティーでもガラガラのお店もたくさんあります。そのなかで、今回はみんな頑張ってくれたと思います。

震災直後は、この仕事をしていてもいいんだろうかと心が縮《ちぢ》こまっていました。でも、それぞれが、それぞれの場所で元気を出さないと、助けられる人も助けられなくなってしまいます。

最近は、お客さまもお金を使わなきゃいけないと思うようになってきました。でも、使うからにはくだらないところで使いたくないとおっしゃいます。だからピンチでもあり、チャンスでもあると受け取れました。ママは、逆境に強い。どん底に落ちたときに気持ちが強い。ママにおんぶに抱っこでは困りますが、ついてきてください。

本当にいいお客さまが急に来て、「ママ誕生日だったんでしょう」と言って、ポンポンポンと高いものを入れてくださったり、いつも変わらずに飲んでいるお客さまも戻っていらっしゃいました。「こういうときこそ応援するよ」というありがたいお客さまもいらっしゃいます。そういうお客さまには、心のなかで手を合わせて、暗い気持ちを吹き飛ばすような話題を考えておかなくてはいけません。

ひとつ気をつけてほしいのは、こういう経済的に苦しいときを逆手にとって、お客さまによっては体の関係を持とうと迫ってきます。「そうしたら同伴してやる」『係りにしてやる」と。そういうのは絶対にお断りしなさい。本当に悲惨な状況になります。ベルベは売春宿ではありません。銀座の女性のプライドを持ってください。

わたしたちもごはんを食べていかなければなりません。メールや電話をしても、そろそろ不謹慎とは思われないでしょう。お金を使わなければ社会が活気づかないし、東北の支援もできません。わたしたち三次産業はいつも悪く言われがちだけれども、ママはみんなで頑張りたい。売れるときに売上を上げておかなければならない。明日に回そうとしたところで、明日は明日。明日はひと組も入らないかもしれない。

今、目の前で一本でも多く入れてくださるお客さまに、どれだけの根性を示せるかが大事です。毎回アフターを最後までつき合って残っている子は、お客さまに「誰でもいいから連れてきて」と言われたときには、優先的に同伴をつけています。これは、陰日向《かげひなた》なくいつも頑張ってくれている子へのご褒美《ほうび》です。

大切なのは、自分も何かしようと思う気持ちです。アフターに行って、チップを一万円もらったら、五千円募金しようと思う気持ち。そういう気持ちは自分にも返ってきます。人のためにお金を使うと、自分に戻ってくるという感覚を持つこと。自分だけがお金を貯め込んでも、結局は人からの信用です。被災地で弱い人が弱い人を助けている姿を見ると、裕福な人たちは何をやっているんだろうと思います。

震災直後、ソフトバンクの孫さんが、個人で百億円、二〇一一年から引退するまでソフトバンクグループ代表として受け取る報酬を震災で両親を亡くした孤児への支援として寄付することを発表しました。ソフトバンクも企業として十億円を寄付すると発表しました。

たくさんお金があるんだからあたりまえだと言っても、それができる人とできない人が必ずいます。

わたしたちは裕福ではないけれど、少しでも何かの役に立てるような人間になってください。

素直に謝ることも大事

お店のなかは職場です。お店のなかでお友だちという感覚では困ります。ちょっと仲よくなると、ちょっと問題が起こる。お互いに欠点があるんです。しかも、お酒を飲む職場ですから、辻褄《つじつま》の合わない話を人づてに聞くかもしれません。そうやって、おかしなことになっていたりすることがあります。でもね、長年いる女性はわかっていると思いますけど、根本の問題を解決すれば解消します。言葉の行き違いや言いすぎなど、いろいろあります。

ときには素直に謝ることが大切です。

ちょっと言いすぎたとか、つい言っちゃってごめんねとか。家族もそうでしょ。身近にいるからついきついことを言ってしまったり、暴言を吐いたりすることがあるでしょ。でもやっぱりそのままではダメなんです。自分が甘えていたなと反省しなければいけません。

ベルベの子は根本的に悪い子はいないと思っています。悪い子はすぐ辞めていきますからね。ママもスタッフもみんなを公平に見てあげたいと思っています。売上がある子の言うことを聞きなさいというのは違うんです。権利は同じです。納得のいかないことは、直接本人に確かめてください。「こういうふうに聞いちゃって、わたしショックなんです」と。そうしたらたいてい誤解は解けます。「そんなことわたしに聞いてどうすんのよ」なんて怒る人はいません。

ただ、曲がった情報をそのまま鵜呑《うの》みにして、その相手の悪口を言ってしまう場合もありますよね。それで結局その話自体がデマだったとか。

だから、人の悪口は言わない。口は災いの元です。もし何か言ってしまったとき、自分に少しでも非があったり、自分が直さなくちゃいけないなと反省があれば、のちのち大きな問題は起きません。ママもさんざん足をひっぱられたり、言ってほしくないことをバラされたり、いろんなことがありました。

だけど自分がまっすぐ生きていて、堂々としていれば、ドキドキすることなんて何もありません。ママは何を言われても平気です。ママの心はまっすぐできれいだと思っているし、お客さまにも、女の子にも、愛情深く接しているからです。ママのことを悪く言う人は、わたしのことをよく知らないか、焼きもちを焼いているか、足をひっぱりたいだけだろうと思うだけの余裕を持って、放っておきます。自分の心に自信を持っているんです。

それでも、人間関係は難しいときがあります。情報に惑わされる場合もあります。

自分で本人に確かめられないならば、スタッフなりママなりに言えばいいんです。誤解は解かなければ気分が悪いままですからね。少しくらいのことならば笑い飛ばす精神力も持ってほしいと思います。

以前、「わたし、あき竹城に似てるって言われるんです」と本人が言っていたので、ほかのお席でママがそう言ったら、「ママが『あき竹城に似てる』って言った」と言って、泣き出して、一日出て来られなかった子がいました。スタッフから電話がかかってきて、「ママ、謝りの電話を入れてください」と言われました。ママは、自分で言ってたくせにと思いながらも、素直に「ごめんね」と電話をしました。そうしたら、「いえ、こちらこそすみません。今日はもう泣きすぎて目が腫れちゃったので休ませてください」と相手も素直にママの謝罪を受け入れました。そうすると、自然とこちらも「うん、わかった。ごめんね、気をつけるね」ともう一度素直に謝罪の言葉が出てくるんです。

デリケートな部分は、神経が太い、細いにかかわらず、誰しもが持っているので、その部分に触れないようにしましょう。触れてしまって相手を嫌な気分にさせてしまったのなら、素直に謝りましょう。

心根《こころね》

売上を持っている女性は、売上を上げる努力と根性がみなさんとは全然違います。

ママが席につくと、少し無理をしてでも自信を持って、「ママがついたから、シャンパンの色、変えていい?」と言います。ママが「まあ、まあ、まあ」と抑えるくらいです。でも、だからこそ、最後の最後にピンクのシャンパンが二本入ったりします。もう帰りたいけど、もう一本、もう一本と頑張るその努力と根性が違う。そしてそういう人は別の場面でも必ずフォローをしています。

みなさんも自信を持って売上を上げている人の様子を見て、勉強してください。押したり引いたりを上手に使いわけることです。嫌がる人に無理矢理シャンパンを入れさせたら二度といらっしゃいません。ゴリ押しはダメです。

決してお金の決済だけではないんです。そこに心があれば相手の気持ちに訴えかけるものです。わたしたちは、使っていただいたお金に対して、お金を使って返すわけではありません。お金をいただく身です。それを自覚して、どういう気持ちで決済をするかです。

海外へ行ったり、実家に帰ったとき、ほかのお客さまとは区別をつけてお土産を買ってくる。五万円も十万円もかける必要はありません。ただ、ほかの人よりもちょっといいものを買ってきたという気持ちが大切なんです。お客さまはとてもうれしいと思ってくださるでしょう。それもフォローの仕方です。

この間、スタッフがお客さまに大金をいただきました。そのスタッフはいつもそのお客さまが大好きな焼酎を贈っているので、「取っておきなさい」と言われたそうです。だけど、「僕はみんなに食事をごちそうします」と言うんです。

そのときに思いました。日頃の努力がそういうお客さまからの気持ちにつながる。そして、それを周囲とわけ合うことで、みんなにもそのお客さまの気持ちと、スタッフの努力の思いが伝わる。次に誰かが恩恵にあずかったとき、みんなも同じ気持ちになれます。自分が、自分が、と欲ばかりを出さずに、そんなふうに考えてほしい。

ママも周囲にわけ与えすぎて、たいした貯金もないとふと思うこともあります。そういうとき、「情けは人のためならず」という言葉を思い出します。情けをかければ、情けを受ける。自分だけ情けをかけられて「ラッキー」ではなく、このお金であの人にいつものお返しをしようという気持ちを持てれば、いつでも次のチャンスが自分を待っていてくれます。

お客さまに対してはもちろん、一緒に働いている仲間にも、感謝の気持ちをきちんと持てるということは、本当に大事です。お客さまが何本もシャンパンを入れてくださっても、絶対にひとりでは飲めないでしょう。みんながいて、遅い時間まで時間をかけて飲んで、「もう飲みたくない」と思っても、「あと二本」と言われたら、またみんなで協力して、そのおかげで飲み終えるんです。その協力に対して、ヘルプの子だからあたりまえとは思わない。協力してくれたみんなに、同じようにありがとうという感謝の気持ちを持ってほしい。

それから、うんと使ってくださるお客さまに対して、感謝の気持ちを言葉にして伝えてみなさい。「この時代に来てくれて本当にありがとう」「シャンパンを何本も入れてくれてありがとう」と。感謝の気持ちを言葉で表現して、きちんとお客さまに伝わるようにする。お客さまは、「いいよ、いいよ」と言いながらも、すごく喜んでくださいます。もっと応援してあげようと思ってくださいます。

感謝の気持ちは言葉にして初めて伝わるものです。今は、今以上に応援してあげようと思ってくださるお客さまをどれだけつくれるのかが大事です。ひとりが使う金額は、たかが知れているかもしれませんけれど、そのお客さまが新しい方を五人紹介してくれたら、その人たちからまた枝葉ができる。そういう応援の仕方をしてもらう。そういうお客さまを持つためには、やっぱり心のこもったおつき合いをすることです。結局、顔じゃないんです。顔なんて三日経てば飽きてくる。その女性が持っている心根が重要なんです。銀座の女には必要不可欠なものです。芯のある心根さえあれば、何かあってもお客さまは必ずわかってくださるものです。心根が悪いとすぐバレます。バレたときに百年の恋も冷める。

アフターへ行ったとき、すごく遅くなって、たとえ早く帰りたいなと思ってもソワソワしない。そういう素振りを見せない。どうせ遅くなるならとことんおつき合いしようという気持ちで開き直る。ただ、次の日のこともありますから、ガブガブお酒を飲む必要はありません。ガブガブ飲むのは自分のお店でだけで十分です。よそへ行ったら、ちびちびお茶でも飲んでいればいいです。

お客さまは、アフターへ行ったとき、嫌な顔もしないで最後までにこにこしてくれていたら、必ずチップもはずんでくださいます。お姉さんたちも五時、六時になったら、「今度、同伴してあげてね」ということにもつながる。にこにこしているだけで、お客さまもいい気分になってくださるなら、恩や義理は、どんどん売っておいたほうがいいんです。

心根は、酔えば酔うほど本来のものが出てきます。お客さまに、「あの子って、こういう子なんだね」と言われると、「バレたか」と思うときもあります。

辞めた子で「別のアフターもあるので一時間でいいですか？」と言って、アフターに三十分か一時間行って、ぱくぱく食べて、チップだけもらって帰るというのをダブルでしていた子がいました。残された女の子たちは、そこに朝方四時くらいまでいるのに、本人は二件かけ持ちして、一万円ずつもらってさっさと家へ帰る。

目先のお金だけを考えて、そんなふうに調子よくやっていたら、自分はいいかもしれませんけれど、みんなからは「なんなの？」と思われます。お席にもつけないでほしいと言われたりして、結局は自分で自分の首を締めることになります。自分では調子よくやっているつもりでも、周りにはバレているものです。

下手くそでも、まっすぐ生きてください。最後に笑うのはそういう人です。見られていないようで、そういうところは見られています。特にお客さまは見ていないようで、よく見ていますよ。

食事をすることは魂を通わせること

ママがなぜ同伴して、みなさんにも「同伴しなさい」と言うか考えたことはありますか。誰かと食事をするということは、魂を通わせることだからです。

ママは、みんなが若い体を持っていることが羨《うらや》ましいです。ママが健康な体だったら、必ず毎月パーフェクト同伴をします。

同伴をすると得ることがたくさんあります。おいしいものをいただきながら、マナーのお勉強ができる。お店ではわからなかったお客さまの違う一面を発見できる。

ステキなレストランへ行って、ステキなお客さまのニオイを嗅いで、気をいただいてくることが大事です。

おいしいものを食べながら会話をしているときは、すごく緊張してしまうと思っていた人が、だんだんやさしくなって、心を開いてくださいます。「ああ、魂が通っているんだな」と思う瞬間です。

店前同伴も結構です。けれど寂しいじゃないですか。それは自分の同伴回数を増やすためで、単なる義務でしょう。もちろん「店前同伴してあげるよ」と名指しで言われることも大事ですけれど、きちんとお食事をしてお店に入ることが、今後のためにも、お互いの理解のためにも一番です。一流のホステスになるには、食事から始めましょう。

「おねだりしていい？　どうしてもあそこに行きたいの」と言うのもいいじゃないですか。若いのに同伴しない子を見ると、やる気がないと思ってしまいます。

ママは自然と毎日埋まっていきますよ。それは、常に自分から働きかけているからです。なぜ待っている必要があるんですか。待っていても誰も声なんてかけてくれませんよ。いいですか。座っているだけで絵になる子なんていません。お話しして、笑って、感情を出して、初めてステキだなと思う。働きかけるのは常にこちらからです。

若いときは誰でもきれいです。ママが見ても、どこのクラブよりもうちの女の子たちが一番かわいいと思う。

でも、自分から働きかけなければ何も生まれません。「わたしはきれいだから、待っていれば同伴に誘われる」なんて思っていたら、月に一回も同伴できませんよ。自分から話しかけて、働きかける。

この間、女の子がミシュランの本を持って、「どこも行ったことがないから、どこか行ってみたい」とお客さまに言っていました。そのお客さまは、ミシュランに載っているところはあまり知りませんでしたけれど、「じゃあ、〇〇にしよう」と言ったので、「〇〇に行けたら一流のホステスなのよ」とママが言ったら、そのお客さまは「そうだろう?」とおっしゃる。それで同伴につながる。
工夫をすれば、いろんな方法で働きかけることができるんです。
以前、「ママから声をかけて一緒にお食事に誘ってください」と女の子にお願いされました。
ママがそのお客さまに、「浅草、案内してください」と言ったら、快く了承してくださった
んです。けれど、その当日がすごく寒い日で、ブーツを履いて歩いていても足がかじかんで、
鼻水は出てくるし、一時間の散策予定を三十分で切り上げて、温かいものを食べましょうと
言って、フグをごちそうになりました。

それからお店へいらっしゃる回数が増えました。シャンパンを一本入れていただくよりも、
確実に回数が増えたほうがいいんです。

何も入れないお客さまはいます。それでも回数が増えればそれでいいんです。ママの誕生
日やイベントがあれば、「グラスシャンパンならいいよ」とおっしゃるかもしれません。

そういうお客さまにとっても、「よそに行くなら、最初にベルベだよね」と優先順位一位
のお店になれるよう努力してほしい。そういった力を持っているお店が、一番実力のあるお
店です。ひとりひとりの努力の積み重ねです。

ママは「売上を上げろ」とは言いません。お客さまを呼べる実力のある子がほしい。

きれいだからといって仕事をしない子も、歳はどんどん取ります。「わたしはきれいだから」と言っていても、あっと言う間に四十歳、五十歳になって、そのときにはお金もない。今さらOLもできない。

けれど、銀座は四十歳になっても、五十歳になっても、実力があれば働き続けられる場所です。

今、頑張らないでいつ頑張るんですか。

一番頑張る子こそが本当の実力をつけていきます。よそのお店もみんな必死です。ベルベには、変わらずお客さまがいらしてくださっています。みなさんがすべきことはひとつです。ママのお客さまの枝葉をどんどんつかむこと。お客さまをどんどん呼んでくれて、何度か同伴していたら、何回目かには係りをあげます。

けれど、あげた係りにあぐらをかいて、全然呼ばなくて、久々に来たらヘルプの子を気に入って、また通ってくださるようになるなら、係りを没収します。それは本人の力でお客さまを呼んでいるわけではありません。それでは本末転倒ですからね。

わたしらしさ

仕事は絶対に裏切りません。

あきらめずに努力をしていれば、必ず何かの形で戻ってきます。

まずはお名刺を必ずもらうこと。すごく楽しそうに話していて、お名刺をもらわない女の子を見ると、とても不思議です。盛り上がって話している途中で突然呼ばれて、あわてて「名刺をください」と言っても、お客さまによっては「預けたカバンのなかにあるんだよ」と言う場合もあります。ママがお名刺をもらっているときは、「すみません、わたしもちょうだいできますか?」と言う。お客さまが名刺入れに手をやっている間に手早くお願いすることです。一度しまってからでは、タイミングが悪すぎます。

お名刺をいただいたときに、「あっ、この会社」とそこからお話ができるくらいランクアップした仕事をしてください。知らない会社名のときには、あとでその会社のことを調べて、新聞も読む。きちんと会社を調べていれば、新聞の経済欄を見ているときに、目につくものです。そういう気づきがあれば、新聞を読むのも楽しくなるし、お客さまに対する見方も変わります。それにこちらの認識の仕方によって、お客さまに対して失礼もなくなります。

ベルベには、新聞に載るような会社の方がずいぶんいらしています。社長ではなくても、部長、課長クラスの方がたくさんいらっしゃいます。お勉強をしていれば、お客さまの会社の状況を新聞で読んで、深刻なことでもちゃかしながら、ひとつのお話にしてしまうこともできます。でもそれは、新聞を読んで、きちんとお勉強していなければできないことです。

朝刊だけでも新聞を取って、経済欄だけでも読む価値があります。銀座の仕事がおもしろくなりますよ。そういうことをホステスのみんなが自然とできるお店なら、ベルベももうちょっと変わると思います。

長年いる売上の女性は、ずいぶんきちんと会社を調べています。長年いればいるほど女性のレベルが高くなる。みんながみんな、そういう自信を持って仕事をしてほしい。

売上が下がっても気にしないでください。数字ばかりを気にしていると、将来が見えなくなってしまうものです。それよりもママの話を聞いて、自分が今何をやるべきかを考えて仕事をしてください。やるべきことをやっていれば、数字はあとから自然とついてくるものです。仕事は自分を裏切りません。

わたしたちは銀座の白鳥です。

「どう?」という涼しげな顔をして、水面下では醜く足をバタつかせているんです。泳ぎ続けるために、精いっぱいの努力をして、知恵を振り絞る。

ママはお店を維持していくために、いろんな工夫をして、知恵を絞っています。お客さまのご機嫌を損ねない。かといって言いなりになる必要はありません。ギリギリのプライドを傷つけられれば、「フン！」と言ってさっさと帰ることもあります。でも、そういう素振りをすることで、「ママを怒らせちゃった」と言って、売上を上げてくださるお客さまもいらっしゃいます。

いいですか、ずっと応援してくださるお客さまを持つことは、並大抵の努力ではできないことです。周囲からは見えづらいかもしれませんけれど、そういった努力を酌んで、お客さまはシャンパンを開けてくださいます。表面だけを見て勘違いしてはいけません。涼しい顔をした白鳥の水面下を見てほしい。表面ばかりを見ていると、中身もないのに偉そうになってしまったり、新聞の話になったら突然トンチンカンなことを言い出してしまったりします。見えない努力を見る。見えないものを見る。そういう力をつけなさい。

とにかくお勉強をして、教養を身につけることです。そして、いろんなところへ足を運んで努力をすること。決して偉ぶらず、謙虚でいてほしい。

ママは、はっきりものを言うけれど、謙虚に考えた上でお話ししています。気をつけてほしいのは、ママに呼び捨てにされると喜ぶお客さまがいらっしゃいます。けれど、女の子が呼び捨てにすると、「おまえに呼び捨てにされる覚えはない」と怒ったりするものです。ママがそう呼んでいるからと言って、自分もそう呼んでいいんだなどと勘違いしては、絶対にいけません。自分の立場を考えて、常に謙虚でいることです。

わたしたちは、銀座の女です。

水面上はきれいであたりまえ。見かけすら汚らしかったらベルベにも入店させていません。でも、涼しい顔をして水面下で必死になれない子は、ベルベには絶対残れないでしょう。みなさんには、格好いい白鳥であり続けてほしいです。

「わたしは努力してます」なんてアピールは必要ありません。結果としてお客さまが来てくださることが格好いい。お店のなかで知らないお客さまから突然呼ばれることが格好いい。そういう場面を見るとママもすがすがしい。「よかった。お客さまがひとり増えたな」と思ってうれしいし、女の子たちの努力が実ったんだなと思ってうれしい。

涼しい顔をした格好いい白鳥は、泳ぎ続ける努力を誰にも見せません。そういった格好よさを大事にして、何事もあきらめずに仕事をしていきましょう。

感謝の気持ち

ヘルプでついたお客さまと土曜日や日曜日に会う、平日の昼間にランチをする。外でお客さまに会うときのルールを説明します。

係りの子なしでアフターに行って、お客さまからチップをいただいたら、きちんと係りにメールで報告すること。

もし悪ふざけをされて、お詫《わ》びにといってほかの子より多くいただいたり、ドレスにワインをこぼされて、多額のチップをいただいた場合も、やはり係りに報告すべきです。もらったお金の半分を寄越せとは誰も言いません。

ママは基本的に、ママのお客さまから何をもらってもいいと思っています。けれど、お客さまに、「ママには黙っておきなさい」と言われたとしても報告すべきです。それを聞いて、ママがお客さまに、「あなたあの子にこんなことしてあげたんだって」なんて言いません。

とにかくきちんと報告をしなさい。誰のおかげで知り合ったのかを考えたとき、感謝の気持ちがあるならば必ず報告すべきです。

ママに言うなと言われたからといって、外でばかりこそこそ会って、お小遣いをもらっている女性がいたら、一体、誰のおかげでいい思いをしているんだと思います。銀座のよそのお店やママは、その場でクビにすることもあります。

もう亡くなられたある会社の社長はものすごく財産を持っていました。そのお客さまはかなり年配の方で、子どもがいなくて、財産をわける人もいませんでした。ですから、ベルベの女の子を孫娘のように思ってくださって、気に入った女の子がいると同伴しただけでエルメスの袱紗《ふくさ》にぽんと百万円を包んでくださいました。気に入られた子は、週に一度同伴すれば、ひと月四、五百万円もらえたわけです。

その方に気に入られた女の子は、最初は、同伴しただけで百万円もいただいて、びっくりしていました。もしかしたら体の関係を求められるのかもしれないと思ったそうです。けれど、ただざらっとくれるわけです。

足が悪かったので、同伴のときも信号では抱えるようにして歩かなければなりませんでした。それでもその子はずっとおつき合いして、最後にはマンションを買ってくれると言われたそうです。それは怖ろしくなってお断りしたと言っていました。

あるとき、「ママ、今日小切手なんです」と言うから、小切手で百万円なのかと思ったら、一千万円だったんです。だからママも、「すごい、よかったわね」と言いました。ところが次の日、「ママ、来月一カ月ダイエット休暇させてください」と電話をかけてきたんです。「はっ？」と思いました。今月末に新しいママが入ってくるのに、中堅クラスのあなたが、「これからも一生懸命頑張ります」ではなくて、なぜ「休みをください」になってしまうんだろうとびっくりして、そう言ったら逆ギレされたので即刻辞めていただきました。

お店やママ、同僚に感謝の気持ちがあるならば、自分がどういう態度を取るべきかもっと考えるはずです。それができない子は人間関係もうまくいかなくなって、使いづらいホステスになってしまう。

その亡くなった社長は、ママが最初にヘルプで入ったお店からのお客さまで、ママが働いた全部のお店にいらしてくださいました。けれど、どのお店にいらしても、いつも素飲みでした。お店で使うよりも、気に入った女の子に使ってあげたいタイプでした。

けれど、気に入られた女の子がその方と一緒にお店に入ったときに、「わたしはワインが飲みたい」「シャンパンが飲みたい」と言えば、感謝の気持ちがある子だなと自然にわかりますよね。自分だけが何千万円ももらって、挙げ句、休ませろというのはおかしな話です。

だいぶ経ってから聞きましたけれど、その子はベルベを辞めたあとにも五千万円いただいていたそうです。その子はそのお金を全部使ってしまって銀座に戻って来て、そこでも贅沢をして、結局、借金を抱えて銀座を追われる身となりました。感謝の気持ちがなかったゆえの惨《みじ》めな行く末です。

今の話は極端な例ですけれど、外でお客さまに会うときには、何事もきちんと係りに報告する。係りもそれを聞いて、わざわざお客さまに、「あの子にはもう買ってあげないで」とは言いません。係りのお客さまにいろいろしてもらったら、その分係りの人にも貢献して、お店にもきちんと呼ぶことです。それが基本です。ちゃんとお店に呼んで、お店でも使ってもらえるように取り計らうのが当然のことです。部下は、必ず上司に報告をする。

お客さまがママに言うなと言う意味を考えてみたらいいです。お客さまは、言うなと言って、どういう関係なのかを試して、値踏みをしているときがあります。そういうことも頭に入れておいてください。

そして、トラブルがあったとき、お客さまは文句を言うためにママに電話をかけてきて、全部を言います。そのときにママが何も聞いていなければ、あなたたちを守ってあげることはできません。これは、ママの長年の経験から言うことです。

ある辞めた女性は、そんなことまで言わなくていいということまで報告してくれました。ひと晩限りでお客さまと関係を持ってしまったことを聞いたので、「そう」とだけ言って終わりました。それでも彼女は、またいらしていただけるように頑張っていましたが、なかなか回数は増えませんでした。ママはそれはそれでいいと思っています。全部報告してくれていたので、ママも彼女を信頼していました。

ママは、外で会ったことをきちんと報告されていれば、百万円もらおうが、洋服を買ってもらおうが、すごく贅沢なお食事に連れて行ってもらおうが、結構です。ママのおかげです、係りのおかげですときちんと感謝の気持ちを持っているならば、それでいいんです。

そういう気持ちを持てない子が、普通に家庭を持って、子どもを育てるようになったとき、知り合いの人に何かもらってもそれを言わない子どもになってしまいます。隣りのおじさんに千円もらっても、それを言わないでこそこそ使っているような子どもです。近所との信頼関係も崩れてしまいます。

ママは、この人だったらいいわよ、でも、あの人はやめておきなさいと言う場合もあります。お客さまによっては、いろんな癖があります。実はDVだったりするかもしれない。そういうことを考えもせずに、目先のお金のことばかりを考えて、報告もせずに、勝手に判断して土日に会って、関係を持ったあとも何も言わない。そういう子がトラブルを起こしたとき、ママは助けてあげられません。その始末も自分で勝手にやりなさい。

それから、土日にばかり会うのは営業妨害になることがあります。

ある女の子が、お客さまに今日十万円あげるから、仕事休んで外でごはんを食べようと言われて、そうしていた子がいました。その女の子はその常習でした。実際その子は、昼間も働いていたので、やっぱり疲れるんですよ、はっきり言って。だから最初は、お客さまに「同伴しよう」と言われて、「今日は休もうかと思ってる」「じゃあ、ごはんだけ食べよう」と軽い気持ちで始まったんだと思います。それがそのうち仕事へ行ったつもりで十万円あげると言われて、味をしめてしまったんでしょうね。お店には週何度かしか出ないで、あとはお客さまと外で会う。食事をして、カラオケでも行ったほうが楽ですしね。

でも、そういう子は席につかせないでほしいという話が出てきてしまうでしょう。自分の大事なお客さまのヘルプには使いたくなくなる。

周りにそんなふうに思われるホステスにはならないでください。

感謝の気持ちを忘れたら、運が向かなくなります。自分に正直であること、人に正直であることは、あらゆることにおいて大切なことです。

苦境を乗り越えて幸せをつかむ

ママは逆境に燃えるタイプです。

この時代、大きな笊《ざる》にいろんなものを入れられて、ふるいにかけられています。笊の網目も大きくて、砂や小石はこぼれ落ちて、最後に残るのは大きな石です。その大きな石になるために、今、実力をつけるチャンスです。

銀座で単価の安い食べもの屋さんは、お客さまが二割、三割減ってしまったらやっていけません。けれど銀座のクラブは、お客さまが少なくなっても、その少ないお客さまがバーンと売上を上げてくだされば、持ちこたえられる部分があります。わたしたちの仕事は、いいお客さまにちょっと甘えれば済む、まだまだ楽な仕事なんですよ。お鮨を思いっ切り食べても、ひとり数万円の勝負ですよね。銀座はひとりのお客さまで百万円も二百万円も使ってもらえます。これが銀座の醍醐味。だから今は、我慢のしどころです。

銀座で有名なクラブが二軒閉店しました。こんなに景気が悪くなるとは思わなかったのでしょう。男社長は六十代。ママはまだ働ける四十代。税金も払えない、給料も払えない、それで最後には逃げてしまったわけです。でも、逃げたら未来も失います。

それを考えても、今、ベルベで一生懸命頑張らなければ、よそのクラブへ行っても、ママにもなれないし、誰かの奥さんになっても、愛人になっても、いいことは絶対ありません。今ここで、一から十まで、十以上頑張れなければ、どこへ行こうと幸せはつかめません。逃げることで、その人生をどれだけ損するのかをわかってください。できないものはできない。けれど、返済方針を立てて、心から謝罪をすれば、なんとかしのぎ切れることのほうが多いです。

今のあなたたちの限界などたかが知れています。ママはこのお店を四億六千万円で買って、五年間で血を吐きながら完済しました。あなたたちはそういう限界をまだ味わっていない。ママは、今景気が悪いといっても、あの当時の苦しみを考えたら、全然怖くありません。なんとか工夫すれば、銀座が廃れることはないんです。やっていけるんです。

とにかく、逃げることばかりを考えないで困難に立ち向かうことを考えてほしい。まっすぐ生きていれば、必ず応援してくださるお客さまがいらっしゃいます。苦しいときほど踏ん張る。逃げたらチャンスや幸せは遠ざかるばかりです。

人生に逃げないでください。なりふり構わずがむしゃらに頑張って仕事をしていたら、必ずいいことがあります。

今が一番努力すべきときです。

あなたたちは甘いんです。

売上のある、ないにかかわらず、「わたしは大丈夫」と思っている子も、ボーッとしていたら切るしかありません。どれだけしっかり仕事をしていて、今ベルベに本当に必要かどうかです。今よりも、もっともっと努力しなければ、自分はベルベにいられなくなるかもしれないという危機感を持ってください。あなたたちは限界どころか、まだ少しの努力もしていない状態です。もっと踏ん張ってみなさい。

そうでなければトップに上りつめられません。わたしはトップじゃなくていいと言うなら、ベルベにいる必要もありません。もっとやる気のある子を入れればいいだけです。限界まで頑張ってここまでしかできないというのなら、その子なりの限界がそこなんだとママは認めます。そしてその子のいう限界が、ベルベのレベルと合っているのか、いないのかをこちらが査定すればいいことです。今見ている限りでは、「もったいないなあ」と思うことのほうが多い。

今ママは、体力的にも、精神的にも少し疲れを感じています。でも、経営者として、みなさんを抱えているからには責任があります。それに景気が悪いからといって逃げたくありません。

一生懸命必死になって借金を返して、二十数年間ベルベを守ってきたことを思うと、やっぱり自分なりに納得するまでは守り通さなければならないと思っています。

長年ついてきてくれたスタッフにも、将来のために小さなお店の一軒もあげたい。そんなことを考えると、やっぱり今辞めるわけにはいかない。今辞めたら、ママは自分自身から逃げたことになってしまうでしょう。

今はどこも苦しいです。どこのママと話しても全体的に売上が下がっています。パーティーの初日がガラガラのお店ばかりだし、銀座に出るお客さまの絶対数も少なくなった。だけど、だからといって何もしないままではダメなんです。ママは、ひとりひとりの努力が足りないだけだと思っています。一〇〇パーセントの力を出しなさいと言われたら、一二〇パーセントの力を出す努力をしてみなさい。そうでなければ結果はついてきません。

とにかく今が働きどきです。ただ待っているのではなく、どんどん働きかけていってください。お客さまが、よそのお店で使うお金を全部ベルベで使ってくださるような心意気で働きかけなさい。そういう努力が見えなければ、お客さまはどんどん、どんどんほかのお店へ流れて行きます。

今何をしたらいいかです。景気のいいときから比べたら、なんてレベルの低い内容のミーティングしてるのかなと自分でも信じられないときがあります。ただ、百年に一度と言われる不景気は、ママも初めてです。景気の悪いときにいろんなお客さまを知って、今はメールの世のなかですから、たまには「鳩居堂」できれいな封筒を買って、下手な字でもいいから直筆のお手紙を書いてみる。お誕生日は必ず聞いて、その日にお手紙を出したりする。それだけでも心のこもった工夫です。

どんな時代でも条件は同じだと思います。

この時代でも一番の人はいるわけです。それに負けじと一番になろうという気持ちを持つことです。普通の努力なら、誰にでもできます。

ママは、銀座に入ってから、どんどんお客さまを獲得して、どんなチャンスも逃しませんでした。その日知り合ったお客さまは、必ずまた来ていただこうという気概が、今のあなたたちとは段違いにありました。

あなたたちは、パーティーのときにあれだけ仲よく話していたのに名刺も出していない、連絡先も聞いていない、携帯番号も聞いていない。ママからしてみれば、そんなことはあり得ませんでした。

よそのお店では、できない子はどんどん切られます。

ママは人と人との縁や情を一番大切にしているので、ちょっと景気が悪いからといって、長年いる子を切ったりはできません。そういう心情を持っていても、本当にお店が存続できなくなってしまうときには、情も何もなくきちんと努力をして一緒に頑張っていけるような人しか置けなくなってしまうでしょう。

よそのお店はガラガラで、ベルベはいっぱいだなという日もあります。それでもお給料が下がってしまうのも理解してください。今、かなりギリギリの数字です。

ベルベはオーナーママのお店なので、自分の係りも含め、お店のお客さまを大切にして、どんどん呼ぶことです。自分の数字は気にしないでいいから、お店のお客さま、誰かのお客さまの数字を上げるための工夫や努力を大切にしてください。そうすれば、自分の係りのお客さまがいらしたときも、周りが一緒に支えてくれます。

この時代に必要なのは、逆境に立ち向かえる精神力です。

並大抵の努力では追いつけません。みなさんでこの逆境を乗り越える精神力を強く持って頑張りましょう。

自分に厳しく、人にやさしく

人に対しての気遣いは、気持ちのやさしさからきます。きちんと考えて行動していれば、不用意に人を傷つけることもないし、お客さまを失うこともありません。悪気がなくても、勘違いをされてしまっては意味がありません。

わたしたちの仕事は、人に好かれてナンボです。心の奥底では好き嫌いがあっても、お客さまにはもちろん、同僚や上司、スタッフに好かれてナンボの世界です。

以前八年間ベルベで勤め上げてくれたある店長がいました。その人は誰からも好かれていました。

ママが諸々《もろもろ》の事情で矢面《やおもて》に立って、あることないこと、いろんなことを言われたときも、ママには何も言わずに、いろんな攻撃から黙ってかばってくれていました。女の子が朝の四時、五時に泣きながら、ベロベロで電話をすれば、家に帰りかけていたのを戻って、七時、八時までつき合ってくれる。ママが更年期障害でヒステリックになっていたときには、大きなミスをした彼をひっぱたいたこともあります。そのあと責任を感じたんでしょうね、「辞めます」と言われ、辞めることが責任を取ることじゃないと言いました。

いつも陰日向のない仕事をする彼を八年間見てきました。店長が人に好かれたのは、根が明るくて、楽しい。人の悪口を言わない。約束を守る。ウソをつかない。そして、自分に厳しくて、人に寛容だったからです。

ウチのスタッフには、誰ひとりとしてくだらないことで辞めてほしくありません。普通ボーイさんや男性のトップは、コロコロ変わるものです。けれどベルベは、トレンチを持っているボーイさんに白髪の人が混じっている珍しいお店です。

長年いる売上のお姉さんは、店長に怒られた人やしかられた人も随分いると思うけど、店長を見習って、嫌な役も買って出て、若い子にもそれを教えてあげなければなりません。ですから、聞くほうも素直な気持ちで聞くこと。

何年かに一度、女性同士がモメることがあります。それで辞めていく女の子もいます。人と人との軋轢《あつれき》は、自分の仕事を黙々とやっていれば、あまり関係ありません。

ママは、グレのチーママのときに、さんざん売上の人たちにいびられて、イジメられました。トイレに閉じ込められたり、ひっかかれたり、全然お客さまに紹介してくれなかったり、悪口ばかりを言われたり、そんなことがいっぱいありました。

けれど、自分に自信を持って、そういったことを気にせずに、どうにかやってきました。難しいことかもしれないけれど、みなさんにも強い人になってほしい。自分に厳しく、人にやさしくね。

仕事に集中していれば、なんでもできます。仕事で見返せばいい。同伴を多く取って、お店のなかで誰よりも呼ばれるようになればいい。誰よりも仕事で輝けばいいんです。

この間、ママがお休みした日の営業日報を見たら、売上がすごく上がっている日があって、みんなが本当によく頑張ってくれたんだなぁと思いました。二十数年間、銀座でやってきたけれど、やっぱり仕事はひとりじゃできません。みんながいるからできることのほうが格段に多い。誰かひとりが欠けたなら、みんなで頑張ろうという気概を持っていただきたい。

スタッフはみんな憎まれ役です。歴代のつけ回しのスタッフのなかには胃が痛くなって、ノイローゼになってしまったスタッフもいました。そのくらい嫌な役です。わがままな酔っ払いのホステスを束ねるのに、憎まれてナンボのようなところがありますから、スタッフの気持ちもわかってあげてください。

ウチのスタッフは、みんな長年います。頼れば親身になってくれます。今までは、店長ばかりが人気があったけれども、ほかの人がダメなわけではありません。愚痴でもなんでもこぼしてください。でも、そういうときも人のやさしさにつけ込むのではなく、自分には厳しくいてほしい。

最近、ダラダラ休んでいる子がいます。せっかくの美貌も台なし。いいお客さまをつけてあげようと思っている子に限って休む。ママの憶測に過ぎないけれど、どうってことのない男とつき合っているんでしょう。いい男とつき合っていれば、銀座から上げてくれて、結婚するか、きちんと愛人関係を結んでくれます。

男に「おいっ、今日は休めよ」と言われて、一緒にいたいから休んでしまう、ただの安っぽい女になってしまう。結局、そういう女は男になめられてしまいます。

「休めよ」と言われたときに、「冗談じゃないわよ、あなたが食べさせてくれないから働くのよ」と言い返せるくらいの女でないと、足もとを見られてほかに女をつくったりするものです。

ビシッと筋を通して働いている女性は、凛《りん》としていて格好いいものです。男もそれにつられて「頑張らなきゃ」と思います。結局、自分に甘いと人からも甘く見られます。

確かに、男と女は、お金だけではないから、切っても、またくっついたり、繰り返しの部分はあるでしょう。でもね、ダラダラした関係は早く切らないと、次の新しいステキな人も見つけられなくなってしまいます。ダラダラした関係、ダラダラした自分とはお別れして、気持ちのいい仕事をしましょう。

まっすぐ生きる

ベルベでは、同伴入店は八時半にしています。

通常八時のところ、お客さまとゆっくりお食事をして、お客さまがバタバタしないためです。八時の同伴には間に合わなくて嫌がるお客さまもいっぱいいるでしょう。そういうことを考慮して八時半にしています。

個人の生き方もそうですけど、お店の考え方、働き方も、時代に合わせていかなければなりません。

人は生まれたときから寿命が決まっています。人生は、いつどうなるかわかりません。普通に年齢順でいけばママが先に死ぬけど、あなたたちも、いつ、どこで、どうなるかわかりません。ですから毎日、毎日を後悔しないように生きてほしいです。まっすぐ生きていれば、明日死んでも後悔はないはずです。商売上は、ウソも必要なことがありますけれど、自分の気持ちにウソをついたり、ずるいことをしていると、死ぬときに絶対に後悔します。

この前、そりが合わなくてクビにした専務が来たので、ママは悪いとは思っていないながらも謝りました。

「雇われママからいきなり経営者になって、経営者として未熟だったと思う。イヤな思いもさせてごめんね」

そうしたら、「それで気が晴れました」と言うわけです。

人と人は、人生のなかでめぐり会って、一緒に仕事をしていきます。悪い、悪くないの感情だけではないし、結果だけでもありません。いくつになっても謝ったり、反省したりすることは大事なんだなぁと改めて思いました。

本当につくづく、人が生きていくのはつらいなと思います。生きていくのは、十個のうち九《ここの》つつらいけれども、必ずひとつ楽しいことがあります。生きていてよかったなと思えるその瞬間を享受《きょうじゅ》できるように、まっすぐ生きていれば必ず報われます。

みなさんも、常に素直に、まっすぐに生きてください。これが人として一番大事なことだとママは思っています。まっすぐ生きていれば、一時的に売上が下がっても、最終的にはいい方向に向かいます。ちょこちょことずるいことをしている人には、運がめぐってきません。そういう人は、なぜか悪いほうに、悪いほうに転んでいくものです。

この間、辞めた女の子の係りだったお客さまに、ほかの女の子が電話をして、その方がその女の子の新規でいらしてくださいました。ワイン一本だったお席に「ママが座ったんならしょうがない」とピンクのシャンパンを入れてくれました。

だからそのお客さまを呼んだ子に、「ママが座れば必ずピンクを入れてくれるから、どんどんママを利用しなさい。必ずついてあげるから」と言いました。そうしたら、彼女はうれしくてぼろぼろ泣いたらしいです。ベルベに入ってから、彼女にとって一番のいいことだったんでしょう。彼女は何かといつも損をするタイプで、一度「間が悪い女ね」と言ったことがあります。朝までアフターにつき合っても係りは違う、自分の誕生日にはインフルエンザにかかる、そんなことばかりでしたから。

それでも彼女はずっとまっすぐ生きてきたから、ポンと係りになって、そのときだけで売上がボンと上がりました。その彼が誕生日に来てくだされば、売上もまた上がるでしょう。こういうチャンスを逃したら、銀座ではやっていけません。

ただ、「まっすぐ生きること」と「銀座の夢を売ること」は違います。

ママにまっすぐ生きろと言われたと言って、「男何人知ってんだ?」「ハイ、三十人です」なんて正直に答えてはいけません。

プライベートはミステリアスに包み込んでおきましょう。ミステリアスな女性は、男性の想像をかき立てます。それが銀座の夢を売るということです。あなたたちはまだ若いんですから、男がいるとか、同棲しているとか、何人と関係を持っちゃいましたとか、オッパイはこんな形ですとか、夢のないことをお客さまの前で言ってほしくありません。

数あるクラブのなかから、二、三軒を切って、ベルベに切り替えてくださるお客さまを大切にする。切られるお店が決してベルベにならないように、お客さまとの関係をどんどん深めてください。

「おまえなら酔っ払って何やってもいい」「何言ってもいい」と、一生かわいがってもらえるようになるためには、調子のいい仕事ばかりしていては決してかなわぬ夢です。常に正しいことは正しいと言えて、まっすぐ生きていなければわかってもらえません。まっすぐ生きていれば、ちょっとした間違いや、ちょっとした失敗は、時間の経過とともに自然と許してくださるでしょう。

一回心を許してくださったお客さまは、ちょっとやそっとのことで怒ったりしません。

お客さまが、ママのことをきちんと特別扱いしてくださるのは、ママが自分の心にまっすぐ生きていることを理解してくださっているからでしょう。

エピローグ

わたしは、生涯雇われママでいいと思っていた。

でも、今となったら、ベルベのオーナーママになってよかったなぁとつくづく思う。苦労のしがいもあるし、女の子の育てがいもある。男性従業員にもすごく尊敬してもらっているし、何より経営も営業もわたしの自由にできる。

ベルベを買い取るときは、そうせざるを得ない状況で、いつの間にか一億一千万円を騙し取られていたとはいえ、あの流れに乗っていなければ、オーナーママになることはなかったんだろうと思う。

あの借金も、前のオーナーが二億五千万円の裏判を押して、銀行から借り出していたから、騙し取られたお金があるとはいえ、銀行の裏判料で、保証人になってくれていたことに対するお礼だと思えば、たいしたことはない。自分は、きれいだからとか、頭がいいからとか、そんなことじゃない。わたしは、ただひたすらに、生きることにまっすぐだったから、なんとかなると思っていた。

もともと男運なんてなくて、借金返済の時期も、その前もあとも、ひとりもスポンサーはいなかった。頼れるのは、ベルベに来ていただいているお客さまだけ。お客さまは、そんなわたしの生き方をきちんと見極めてくださっていたから、信頼関係はゆるぎないものだった。

そして、わたしの心根や生き方を証明してくれるのは、長年の従業員。辞める子も少ないし、人の悪口を言うような子もいない。しかも、お客さまに自分のお店のママ自慢もしてくれる。それを聞いたお客さまからは、「女の子や従業員たちが自分のママを自慢するなんて、やっぱりママはすごいね」と言っていただける。

銀座で雇われママになる人はひと握り。オーナーママになる人は、そのさらにひと握り。銀座でママとしてやっていくには、人としての器が深くて、広くなければ難しい。若いうちは、きれいなだけで通っても、ある程度の歳になったら、話をしていておもしろくなければ、お客さまは自然と通ってこなくなる。

お店のナンバーワンならいいけれど、オーナーには向かない人がたくさんいる。それでも、銀座で五、六年勤めてナンバーワンになったら、次は、ママになりたいと思う気持ちは、とてもよくわかる。

銀座は、顔、姿、形、頭がいい、それだけでは認めてもらえない。もっといろんな要素が揃ってトップになれる。

真面目なのはあたりまえだけど、体を壊してしまったら、元も子もない。わたしは、ある大企業の社長に助言された。「真面目に出勤して、いい加減にやりなさい。しょせん酒の席の相手、楽しくやればいいんだ」

何事にもバランスや遊び心が必要。けれど、そのセンスは、女の子たちに教えようとしても無理なのかもしれない。それは、その人が本来持っている天性のものだから。

銀座が特別な世界なのは、まず動くお金が大きい社交場だから。だからいい女も集まってくる。銀座の女性の代名詞は、オシャレで格好よくて頭がよくて気風がよくて、品がある。それだけの女を満足させるために男はお金を用意する。

だからこそ、お金を稼いだら銀座に行くぞ、と男性に思わせていたい。

考えてみると、長い間景気に左右されることなく銀座の伝票は変わらない。少し上がってもいいはずなのに、摩訶《まか》不思議だなぁと思う。

昔は、銀座で飲むことは相当高いハードルだった。初任給七、八万円のお給料のときにも、今の価格帯と同じで、ボトルを入れただけで一カ月分のお給料が飛んでしまうほどだった。

今は、金額的にはハードルは下がって、銀座は足を運びやすい場所となっているはず。普通の素飲みでウイスキーでも入れていればとてもお得。昔も今も、何十年も金額は変わっていないから、お安い。ただ、格好よく飲むには、昔と違ってシャンパンやワインがある。それがいいか悪いかのリスクはある。

昔はすっごく高かった。だから「銀座」だった。その銀座というイメージが、今も綿々《めんめん》と続いているだけ。

世のなか男と女しかいない。男性は、誰に認められたくて頑張るかといえば、やはり女性のためだと思う。稼いだお金を持って、いい女に会いに行くのは、原始時代からの本能だと思う。

銀座に来るのは、モテたいからでしょう。若い子に「ステキ」と言われれば、やっぱりうれしい。女性にしかられたり、褒められたり、そういうのを楽しみにくる。なかでも、褒められたいと思っているお客さまは多い。褒められて嫌な気持ちになる人はいないし、銀座でモテて、ウキウキして帰れば翌日の仕事も楽しめるはず。

お客さまは、上っ面なお世辞を言っている子には気づくし、本当にそう思って言っている子にも気づく。だから、わたしは女の子たちに心を磨きなさいと教育している。

世のなか男と女しかいない。モテたい気持ちは誰もが同じ。大きな意味でいえば、社会や世界に受け入れてもらいたいと思うのと同じように、ささやかな男女関係のなかでも、受け入れてもらえるのが、一番の安心感なんでしょうね。

わたしはそういう意味でも自分磨きにはこだわっている。五十代で、普通の五十代の身なりなら、若いお客さまはつかない。話の内容にギャップがありすぎてもつかない。そうなってしまったら、さらに若い人との交流がなくなってしまう。

銀座の第一線でママを続けるならば、情報収集も、人脈も、気持ちの若さも大切。自分のことをすごいと思って、外に目を向けなくなってしまったら、老けていくばかり。こだわりを捨てて、自分が変わろうとしない限り、ずっと同じ場所から出られなくなってしまう。


今までを振り返ると、お金に縁がありそうで、全然なかった銀座生活だった。うんと稼いだ分、その分だけうんと出ていく。あるいはそれ以上に。それから、貸し倒れ。

昔、わたしの家まで来て、土下座してお金を貸してくださいと言ったおじいさんがいた。「絶対ママにババ引かせないから」と言うから、手もとにあった四百万円と、友だちふたりから借金をして、合計八百数十万円を貸した。わたしはわたしで、友だちふたりにお給料から毎月、毎月、他人のお金を返していた。そうしたら、突然亡くなっちゃったの、そのおじいさん。だから結局、八百数十万円はパー。一円も戻ってこなかった。

逆に、グレのチーママの頃は、ものすごいチップが毎晩のように入っていた。酔っ払っているときに三十万円くらいをぽんともらって、カバンも持っていないから、胸もとにはさんでおいて、お手洗いから戻ったときには、どこにもなかったとか。何軒ものお店を経営している人が、「ごめん、ママ。誕生日知らなかったんだ。今日のドレスいくら?」「四十八万くらいかしら」と言えば、トイレに行って、封筒に五十万円を入れて持ってきてくれるとか。いわゆるバブルの時代でもあった。

最近では、昔お金を貸した人から、「残金を振り込みます」と連絡があった。そういうことがあると、やっぱり世のなか捨てたもんじゃないなと思う。その人もふざけて、「ママ、今までいっぱいお金貸したなかで、僕が一番ちゃんと返したでしょ」って偉そうに言うから、「人にお金借りといて、返すのがあたりまえでしょう」「ありがとう。落ち着いたらまた飲みに行くから。ママは一生の恩人ですよ」と言われた。

ちょっと宗教じみているけれど、今の人生は、ほんの一瞬に過ぎない。魂になってからが大事だと思っている。お金ばかりが大事なわけじゃない。そりゃ、いいバッグもほしい、洋服もほしい、おいしいものも食べたい。けれど、お金より大事なものは、お金のようには数えられないけれど、すごくたくさんある。

「誰かに裏切られた」という感情もあまりない。大切に育てていた女の子がよそのお店に行っちゃったというなら、それはわたしの力が足りなかっただけ。それを自分の口から周囲にもらすのは、恥ずかしいことだと思うから、「いいんじゃない」と強がりを言って終わり。

悪口を言いふらしたりする人もいるけれど、それをしてしまったら、品がなくなると思うから絶対にやりたくない。よそのお店のママに、わたしのお客さまを取られれば、やっぱり頭にくるけれど、それでカチンとしているようでは、まだまだわたしも小さいなと思う。

　でも、人を許せるのは、ただ単に自分を追い込みたくないから。許したら、あとは忘れることにしている。「許せない」という思いは、自分のなかにこだわりがずっと残るわけだから。わたしは、こだわりは捨てたい。小さなひとつのこだわりを捨てれば、大きなこだわりも自然と捨てられる。お金を貸して返ってこないなら、貸したことを忘れて稼げばいいだけ。

　人にしてあげたことは、忘れるか、忘れたフリをする。お金を貸していても覚えてない。それがいいのか、悪いのかわからないけれど、人間そのほうがいいの。「わたしがしてあげたんだから」なんて言う人は、じゃあ、自分がほかの人から受けた恩はどうなのかという話。そういう小さなこだわりよりも、健康であればいい。きれいごとに聞こえるけれど、健康じゃなければ、自分が求めることは何もできない。


　もともと子どもの頃からお金に対して執着することがなかった。よくいえば、育ちなのかもしれないけれど、悪くいえば、人がよくてバカ。小さい頃から、自分のことは自分でやってあたりまえだった。両親が、仕事、仕事で、お弁当もつくってくれなかったから、人に求めたり、してほしいと思うことをじっと我慢する力が強かった。その分、すごく寂しがり屋。

商人の娘だったせいか、小さい頃から人を喜ばせながら商売をすることを本能的に知っていたのかもしれない。人間関係に疲れてしまうとか、誰かと一緒にごはんを食べるのが面倒臭いと思う人もいるようだけれど、わたしの実家は、住み込みのお姉さんやお兄ちゃん、大勢が一緒に住んでいたから、そばに誰かがいるのが当然だった。きっとサラリーマンの娘だったら、そんなふうには思えなかったのかもしれない。

父親は、住み込みの従業員にすごく厳しく接していて、かわいがっている姿をあまり見たことがなかった。怒鳴り散らしてばかりの昔堅気の怖いオヤジ。

それでも今考えると、父親はかなり計算高く経営をしていた。

毎月、全従業員のお給料を半分くらい天引きしていた。「給料全額渡したところで、どうせパチンコとかに使うだろう。おまえたちのためだ」と言って、毎月半分くらいのお金しかあげない。当時は、どんなに嫌でもみんな何年も働いていたから、父親は、定期で何十万円、今でいったら数百万円を毎月銀行に入れていた。だから、うちの担当の銀行員は、みんな支店長になっていった。人の貯金で父親は信用を得ていたわけ。そういう信用を勝ち得ていくなかで、父親は飲食店にとどまらず、経営者として手広く仕事をしていた。当時では珍しく運転手つきの車を使っていたし、電車に乗るときは必ずグリーン車だった。

従業員には、うちで働いている間すごく憎まれていたけれど、辞めるときに、「おまえの貯金が数百万円もあるぞ」と言って、一円も違《たが》えずに返していた。今なら一千万円くらいの額になるんだから、やっぱり驚くでしょう。そのときになって、父親に感謝するのかもしれないけれど、やっぱりお金を取られている感覚は、ずっとあったんだろうなと思う。

それは経営者としてのひとつの姿で、今となれば、わたしもひとりの経営者として、父親のやり方を理解することはできる。経営者になってしまうと、従業員の今だけを見ていればいいわけじゃないから。雇用するほうは、従業員の五年後、十年後を考えて、やっぱり守ろうと思う。そうすると多少の苦労を今したって、どうってことないという感覚。

父親に青春をフタされて、そのまま結婚しているから、銀座へ入ったときは、オジサンばかりでびっくりした。

中学、高校は男の子が校門に来ていたら、学校の先生が水をまいて怒っているような昔ながらのキリスト教の女子校だった。うちの親も、放課後学校から帰ってくるのが遅いと、「うちの娘がまだなんですけど」と言って学校に電話をかけてしまう。それが恥ずかしくて、恥ずかしくてたまらなかった。家に帰れば、家の商売を手伝わされて、中学生の頃からは、川崎の支店に集金をしに行ったり、十数人分のカレーつくってきたり、ちっちゃい体でちょこちょこ、ちょこちょこ家業の手伝いをしていた。

父親は、本当に厳しかった。言葉遣いも「女が流行言葉や下ネタを言うのははしたない」と言って厳しく注意された。そういう厳しさのなかで、次女のわたしを本当に心から愛してくれた。ほかの兄弟と比べてみても、すごくえこひいきされていたのは、自分でもわかっていたくらい。中学三年生まで父親の膝の上で、足の爪を切ってもらっていたし、同じ布団で一緒に寝ていた。

高校卒業後、四年制の大学へ行きたいと言ったときは、「そんなところに行ったら、嫁に行けなくなるからダメだ」と言って、決して許してくれなかった。最終的に父が入学を許してくれたのは、女子校の短期大学だった。父親は封建的な考えを持ち続けていて、女は家を守り、子どもを育て、夫を支えることが第一の役割だと考えていた。当時は女性の社会進出はまだ理解されていなかったため、それも仕方がないことだった。

そういった父親の反対も、愛情あってのことだとわたしは感じていたから、口答えもせず、父の愛情に応えようと思った。

そういう無償の愛を与えられていなかったら、今お店の女の子たちを自然と抱き締めてあげることもできなかったのかもしれない。深い愛情を注がれて育ったから、人の面倒を自然と見ているし、人に対して愛が深くて、強いんだと思う。

それは多分、深く強い愛情を父親から注がれて育った強みなのかもしれない。愛されて育った経験がないと、人に対してもどういうふうに愛を注げばいいかわからないでしょうから。あるとき恋人と大ゲンカをしたときに、「愛の表現がないのよ」と言ったら、「しょうがないじゃん、ママみたいに抱き締められて育ってないんだから」と言われた。やっぱり愛情の力はすごいんだなと改めて思った。愛情を知っていれば、人を許すことも楽になる。

ノブレス・オブリージュ（Noblesse oblige）という言い方がある。それは、高貴な生まれ、富のある人は、自分だけの幸せを追究するのではなく、でき得る範囲で周囲の人の幸せを望み、幸せにすることで、人の幸せも自分の幸せのように思うこと。それはすごくステキなことだと思う。

子どもの頃から、人になんでも譲ってあげていた。自分もほしくて仕方がない、自分もやりたくて仕方がない。それでも、相手が泣いていると悔しいのに譲ってあげていた。幼心に多少の矛盾《むじゅん》を感じながらも、自分が我慢すればいいやと思っていた。

結局、そうせざるを得ない損な性格なまま、今のわたしがある。

神さまが今もわたしに完璧な男をくれないのは、わたしにいい男ができてしまったら銀座を上がってしまうから。それでは、世のため、人のため、人助けにならないと思って、いまだにわたしは銀座にいるのでしょう。でも、わたしはそれもまた楽しんでいる。わたしが寄りかかれない男を好きになったからといって、わたしの人生がダメになるわけじゃない。今が幸せならいいじゃない。

人助けをして、人を許してきたせいか、最近は、仏さまみたいとか、観音さまみたいとか人からよく言われる。

女性がたくさんいて、大金が動く銀座という社交場で働いているけれど、人を裏切ったり、お金ばかりに執着するような働き方はしたくない。そうなってしまったら、自分が銀座にいる意味がなくなってしまう。

「お金を稼ぐために銀座にいるんだからいいでしょう」とも思うけれど、それではあまりにも殺伐《さつばつ》としていて無気力になってしまう。結局は同じことなのかもしれないけれど、もう少し人との出会いを楽しみたい。相手に対して、できる限りの誠実さを心がけていたい。


ただ、やっぱり銀座は女の街。

女性経営者が最後に残る街だとわたしは思う。

オーナーママのお店は、ママが一番稼いで、店売りも多い。不況にさらされたり、売上の悪い月は、ママのお給料を出さなければやっていける。

オーナーママになって、後悔したこともあった。もう戻れないと思い直して、踏ん張り続けたこともあった。けれど、やっぱり「自分のお店でよかった」と今実感する。

まだまだ厳しい銀座の街だけれども、古きよき銀座の伝統を守るべくこのミーティングを続けていきたいと思う。

一流の接待を提供し続けるため、女の子たちを守るため、銀座を守るため、そして、わたしが高木久子であり続けるために。

髙木久子

成城大学短期大学部卒業後、一般企業に就職。結婚、出産、離婚を経験し、二十八歳で銀座に足を踏み入れる。

一年半で銀座の老舗一流店「グレ」の初代チーママとなる。グレで六年を過ごし、その後「ベルベ」を買い取り、オーナーママとなる。

それから二十三年間、ベルベを守り続けている。

銀座ミーティング
チームマネジメントの方程式

二〇一三年七月　三日　初版発行
二〇一八年七月十八日　第六刷発行

著　者　髙木 久子
発行者　井上 弘治
発行所　**駒草出版**　株式会社ダンク 出版事業部
〒一一〇―〇〇一六
東京都台東区台東一―七―一 邦洋秋葉原ビル
TEL 〇三（三八三四）九〇八七
FAX 〇三（三八三四）四五〇八
http://www.komakusa-pub.jp/

印刷・製本　シナノ印刷株式会社

［撮　影］　新堀 晶（駒草出版）
［ブックデザイン］　高岡 直子

ISBN 978-4-905447-16-0